私の
おだわら
物語

小澤 良明
Ozawa Yoshiaki

有隣堂

序にかえて——この道ひと筋

地方政治の世界に入ってあっという間の三十七年。二十七歳の時から今日まで、まさに人生の大半になってしまった。

ひよっ子市議、全国最年少議長(当時)、県議、市長、とその時々に与えられた舞台、そして十回にわたる激しい選挙戦。どれにも大袈裟でなく必死で、全力でぶつかった。階段を一段上がることができて、初めて「あー上れたんだ」と自身の立ち位置を実感できた。率直に言って、今日までただこの繰り返しできた。最初から、何になりたい、と執着したり、立派な志を育むというようなタイプではない。身分相応の立場を得て、その中で与えられた次のステップにひたすら懸命に取り組んできた結果である。

亡父が何度か私に言ったことがある。「お前は若運だ。若い内に精一杯背伸びしろ。後年はそこから駆け上がるんだ」、聞きかじりの易占いか何かからの話だろうが、市議会議員を長年務めた父の七光りであったとしても、当時では考えられなかったような若い議員になってしまった。私の心の底のどこかに、この言葉が常にあったのも確かである。

平凡な、普通人間の私が厳しい長い道のりを、この道ひと筋にどうやらここまで来ることができたのは、当然のことながら、大勢のお支えいただいた方々のお力による。厳しいこと、泣きたいこと、嬉しいことなど、さまざまな想いをいつも自分のことのように感じて下さった方々に守られ、育てられ、生かされてきた。そんな感謝の日々に、折々に書きためた拙文がいつの間にか膨大な数になり、二年ほど前から、これらの一部でもまとめて出版したいと準備を始めたのだが、多忙にまぎれ遅れ遅れになってここまできてしまった。

思いがけず、本書の出版と市長退任時期が重なってしまうことになった。それ故、本書はよくあるような退職市長の市政回顧録でも実績報告書でもない。時期的にそぐわない内容かもしれないが、事情をご理解願いたい。

「自分史」や「私の履歴書」などが流行の昨今であるが、そのどれとも少し違う。それぞれがエッセイであったり挨拶文であったり、固い政策説明であったり、多種多様である。

しかし、私のまちづくりの考え方や政治信条、生き方等について、意は尽くせないが本書の随所に記させていただいた。なによりも、この仕事こそ〃天職〃と思い定め、微力を尽くしてきた私の小田原のまちへの熱い想い、市民の皆様への深い感謝の心を、少しでもお酌みとり願えれば、幸せこの上もない。

いずれにしてもこの一冊は、私の分身であり、お世話になった方々への私の心からの感謝の書である。お手元に〝積ん読〟していただけるだけでもありがたい。

私の初めての出版にご協力をいただいた関係者の皆様に深く感謝申し上げる。

平成二十年七月一日

小澤良明

目次

はじめに
第一章　ひたすらに、懸命に――「市長随想」から
一　城下町に生まれて――14
母の腕に抱かれて　14
父の背中　15
文化村　16
遺　影　17
押切海岸　19
親父の子育て　20
祖父母　22
冷蔵庫大好き人間　24
親の子　26
恩　師　28
五十五年目の手紙　30
父のビデオ　32
母の願い　33
ふと振り返ると　37
二　山よし　海よし　天気よし――40
私たちの緑　40
夏・鮎・想い　41
雑木林　42
小田原って……　45

木の城下町　47
私の明神　49
私の水物語　51
早　川　52
相模の海　55
東洋のリヴィエラ　57
丹沢・堂平に入る　59
何て素敵だろう　60
山よし海よし天気よし　62

三　夢をかたちに――政策雑感――65

「きらめき」考　65
わたしにとっての大震災　66
環境元年　68
私見?小田原評定　70
世界遺産・法隆寺と小田原　72
全国市長会視察　欧州地方事情　73
春よ来い!!　75
事件の教訓　77
オゾンホール　79
見ない夢は実現しない「スカイ圏構想」　81
中心市街地問題　83
梅サミット　85
成田エクスプレス　87
辛いリーダー　88
チュラビスタ市公式訪問とシアトル市視察記　90
北条五代の理想と改革　94
街路樹　96
城下町の熱き応援団　98
果てなき改革　99

四　小田原気質—趣味・身辺雑記——102

趣　味　102
一面の小田原気質　104
こだわり　105
ジューンプライド　107
義理と人情—強さと優しさ　108
サンチャゴ老人の世界　110
小田原モンロー　112
若者達の「やりがい」　114
のど自慢小田原大会　116
ゆっくり食べよう！　118
手本は二宮金次郎　120
中井さん　122
催眠特効薬　123
キレイ好き　125
頑張る　127
心に残った「電車の話」　129
負の遺産　131
還暦　133
好きだから　135
自分を大切に　137

第二章　二十七歳・独身・最年少議員からのスタート——「たくゆう」から

言動に筋を通す　140
私の信念　142
小田原駅東口周辺都市再開発構想　146
本当に「良い社会」を探求する　149
ヨーロッパを視察して　153
市長就任から二年を迎えて　158
ケンペルの語る小田原　161
ヒルトン誕生までの軌跡　165

第三章　城下町小田原をつくる――「市長のほんね」から

一　守りと攻めのまちづくり哲学――170
市長？・建築士？　170
駅前づくりと小田原らしさ　171
観光とまちづくり　173
歴史的まちなみと新しい都市空間の融合―アメニティデザインが決まる　175
すべての市街化区域対象に高さ規制始まる　178
変わる、小田原の玄関口―紆余曲折・駅ビル建設　181
小田原城の主要登城ルート（馬出門、馬屋曲輪）の整備　184
ふるさとの原風景百選　186
板橋　秋の交流会―夢見遊山　188
（仮称）城下町ホールの設計案、いよいよ決定！　191
小田原ブランドの向上をめざして　194
適切な「街づくりルール」を作るための制度をスタート　197
二　そうだ小田原に住もう――201
働く人の居住を増やす　201

地産地消を考える　202
外環状道路の延伸　204
そうだ小田原に住もう！　206
木を育て、森を守り、自然と共生する　209
市民に満足していただける行政を目指して─市民満足度向上行動計画スタート　210
全国史跡整備市町村協議会大会(高知大会)　214
全国報徳サミット小田原市大会　216
県西地域二市八町の合併　219
三　安心・安全の地域社会──221
明日の健康に思う　221
在宅介護と福祉施設　222
地球にやさしい環境をつくる　224
防災のまち　225
一人の百歩と百人の一歩　227
市立病院小児科の診療予約を携帯電話で　229
地震災害に備えて　231

市民あげて子どもたちを守ろう　233

四　まちづくりは人づくり――236

静かなる教育論議　236
市民学習フロアの開設　238
全国特例市連絡協議会会長という職を振り返って　240
世界の城下町　242
南方諸地域戦没者追悼式に出席して　246
躾教育　249
子どもたちと地球の環境を考える　251

第四章　対談　新しい城下町を語る――小和田哲男・小澤良明　253

【特別寄稿】「平成の風雲児」小澤良明市長の底力　新井恵美子　267

あとがき

第一章　ひたすらに、懸命に――「市長随想」から

４期16年にわたる市長の任期を終えて、小田原市庁舎を出る著者
2008年５月23日

一　城下町に生まれて

母の腕に抱かれて

こゆるぎ丘陵の中腹、田島あたりから見霽《はる》かすと、視野いっぱいに広がる足柄平野の自然は、まさに「母なる大地」のごとく見える。あくまでもやさしく、ただ美しい。

北方遠くに屹立《きつりつ》する丹沢山塊ですら、その峻険な峰々を春の霞に柔らかく溶け込ませ、真正面の箱根連山は山容穏やかに、つい目前の集落にまでその傾斜を緩やかに伸ばしている。母なる川・酒匂川は、明るい陽射しの中にうねうねと走り、相模の海はまばゆいほどに白く輝いて、限りなく続く豊饒を予感させるのである。

だれもが知っている私たちのふるさとの原風景であるが、新市長として約一年、繁忙の中をわき目も振らず動き回ってきた私にとって、その時々、この光景は新しい感慨を覚えさせてくれる。そして、いつも必ず脳裏に浮かぶ言葉が、「母の腕《かいな》に抱かれて…」である。

先人から預かり、子供たちへ引き継いで行くべき最大の「家宝」として、このふるさとの自然の美しさ、優しさを守ることにこだわり続けたい、と決意するのである。

（一九九三・四・一五）

父の背中

市長として、難しく厳しい選択を迫られることの多いこのごろである。そんな時、議員時代には余りなかったことなのに、亡き父のことをしばしば想いだす。

私が物心ついたころから、父は市議会議員として市政に没頭し、家庭を顧みなかった。反面、趣味や道楽もけたはずれに広く、しかも凝っていた。日本犬、メジロ、庭づくり、書画、みかん栽培、作陶等々、いつの間にかそれぞれ自分なりの一家言を持つようになり、友人も多かった。

戦前は事業に命をかけ、戦後は政治に打ち込んだ良くも悪しくも〝野人〟であった。多彩な一生を駆け抜けたかの感もする父の人生をたどると、私はずっと父の背中を見て歩んできたのだと改めて認識する。

情熱、頑固、人情、誠実…と子の欲目でいろいろ想い巡らすが、とりわけ「言動に筋を通す」という、今の時代に最も基本的な、しかし難しい政治姿勢を、無言の父の背中から学んだ。

親の背中も、人によりさまざまに映るだろうが、父の背中から発せられた無言のメッセージに確信を持てていることが、私の密かな誇りである。

（一九九三・六・一五）

文化村

どういう訳か、私の住まいの周辺は昔から「文化村」という。諸説あって定かではないが、田んぼの中に急にモダンなトタン屋根の文化住宅が建ち並び始めたのでとか、当時新興住宅地で他所から文化人風の人たちが移り住んだからとか、幾分面白半分の言い方だろうが、今では荻窪のこの地が私の終《つい》の住みかである。

小学校二年の時に、井細田《いさいだ》（今の扇町）からここに越してきたのだが、ただやたらに子供が（仲間が）多いことに驚いた。父が三郎だったので、私はいつの間にか〝小三郎〟というあだ名がつけられ、悪ガキ然と先輩の腰にくっついて暗くなるまで遊びほうけていた。

今、時たま前の駐車場で遊ぶ子供たちを見ていると、往時を思い出し、文化村の景色の変わりように感慨を新たにするのだが、同時に、一心不乱に遊び興ずる子供たちの姿は決して昔と変わらないと、変に確信めいた思いを抱くのである。

文化村に育った子供が親になり、今では最近流行の現代風建築の文化住宅を建て始めている。この一角はなぜか住民の移動も少ない。脇を走る小田急線の音もいつの間にか気にならなくなり、文化村気質が芽生え、人情が根付いたのだろうか。「住めば都」である。

（一九九三・一〇・一五）

遺影

早いもので年が明けるとすぐに亡父の七回忌である。

父が三男坊の俗に言う〝出船〟で、仏壇の無い家だった我が家に、そういうことで六年前より、毎朝母が手向ける線香の香りが絶えない。

この小さな仏壇の隅に父の遺影がひっそりと立てかけられている。みかんの木の脇で、白髪頭にねじり鉢巻、腰手拭いの野良着姿で、何ということのない写真である。

正月の厳寒の中、みかん山や植木の手入れに没頭していた父は、何人かの植木職人さんや母とおおっ話をしながら作業中、全く突然に逝ってしまった。それだけに私達家族にとっては、このセピア色の一葉が仏像やお位牌や他の何よりも大切な宝物になっている。

朝出掛けに、せわしない気持ちで手を合わせながら、チラッとこの写真を見る。するとどうであろう、薄暗い中で父は時には微笑んだり、ある時は怒ったり、泣きそうな顔をしたりするのである。

「あっ、これは上手くいくかな」、「気がかりな今日の仕事は注意しないといけないな」、「あれは駄目かもしれないが腹を立てたりしないようにしよう」。

その日その時、父は私に必ず何かの示唆を与えてくれる。不安で少し長く顔を見つめていると、怒った顔もいつか和らいでくる。

他人様にとっては愚にもつかない話だと思うが、私にとっては不思議で大事な遺影である。

こうして今でも毎朝のように、子離れしない父親と五十を過ぎても親離れできない倅の二人だけの会話は続いている。

（一九九五・一二・一五）

押切海岸

押切海岸から箱根連山を望む

二宮境に押切《おしきり》と言う小さな集落がある。ここに父の実家があって、幼い頃母の長患いで、いたずら小僧の私は幾度か長期間預けられた。今でも従兄に「超わんぱくで…」と微苦笑まじりに聞かされるのだが、自分では殆ど覚えていない。ただ当時の荒涼たる押切の浜の情景は脳裏に焼きついている。

先日、所用で浜辺のある家に立ち寄った。帰りがけに、ザザーと、ふとあの懐かしい波の音が響いた。ちょっと躊躇したが、薄曇りの押切海岸に出た。

西湘バイパスができ、驚くほど波打ち際も後退し、それも石ころだらけの浜に姿を変えてはいたが、しかし何か心に響く海や浜がそこにあった。

左右にどこまでもすうーと白い汀線が走り、視野も遠く拡がる。まさに相模湾の真ん中に私は立っていた。ぼぅーと潮煙に霞む水平線に目をこらすと、いつのまにか夢の中に一人佇んでいるかの錯覚にとらわれた。

真鶴までの稜線や密集した市街地が直ぐ目に入る見慣れた小田原海岸は、北原白秋の「お花畑の春雨」にも、霧雨に煙り、ゆったりと波の打ち返す荒久《あらく》海岸あたりや、夕闇の片浦筋の情景が濃やかに優しく綴られ、感動的であるが、目の前の海は寒風の中で厳しく横たわり、男性的ですらあった。

同じ相模湾の海でもこんなにも違うと、ふるさとの海の持つ複雑な深い魅力にあらためて驚かされた。

「是非一度、裸足で浜の石ころや砂の上を歩いてみてください。小田原の海は素晴らしいっスヨ」。城下町大使・阿藤海（現・快）さんの熱っぽいふるさと讃歌に、押切海岸でのあの日の想いが重なった。

（一九九六・三・一五）

親父の子育て

〽これこれ杉の子起きなさい。お陽さまにこにこ声かけた、声かけた……。

たいして飲めないお酒にほろ酔って、鼻歌まじりで帰ってきた亡き父によく痛いほど抱きしめられた。止めて欲しいような、こそばゆいような幼い頃の想い出である。愛情表現が極端で猫っ可愛がりされたり、逆に怒った時は鬼のように怖かった。

そんな父親像をどこかで受け継いだのか、私自身の子供達への接し方は、あるがままの私を感じさせたい、一生懸命生きている私を判って欲しい、嬉しいときは嬉しいように、悲しい時は悲しいように、その時々、そのままの私をぶつけてきた。

〽柴刈り縄ない草鞋《わらじ》を作り、親の手を助け弟を世話し、兄弟仲良く孝行尽くす、手本は二宮金次郎

今思えば何とマンガチックなことか、二人の倅を風呂に入れながら上機嫌で歌う私だったのである。

成長した我が息子等を見るにつけ、これで良かったという想いと、子供教育に失敗したか、という不安な想いが交錯する。しかし我が子はいつまでも我が子であって、親としての責任を親である限りもつべき、という私なりのこだわりに密かに今も執着している。

成人したら自立させるためにも子供の責任に於いて行動させるべき、とする今風（一般的？）な考え方がある。

やれ学校、やれ塾と、朝から夜中まで付きっきりで子供の世話をしている教育ママを見ていると、成人したからそら今度は自立、と言ってもそうそう上手くいかないような感も

する。ハシの上げ下ろしから面倒を見ていて、急にさあ崖から跳び下りなさいというようなものと思うからである。

子育ても父や私のようにどちらかというと親の思いどおりにしようとする管理型タイプ、親の子に対する責任の範囲と期限を決めて、親としてはここまで、ここからは子が、と画然としてしまう育て方、最初から全くの放任主義、といろいろである。

いずれにしても他所様の家庭をそれとなく見ていると、子供教育や環境は勿論であるが、結局のところ「良く出来た大人」になるには、当の子供の資質そのものが非常に大きいように思えるのである。

（一九九六・一一・一五）

祖父母

私にも当然のことながら人並みに二組の祖父母がいる。

父方祖父は大正・昭和期、相州小印《そうしゅうこじるし》という屋号で前羽《まえは》の押切海岸に浜の権利を持ち、幅広く水産業を経営していた。人格識見衆に勝れ、かつ人の面倒見が良く地域のまとめ役的存在であった。私の名の「良」はこの祖父にあやかる様にと付けられたのであるが？……。端整な容貌、性温良、家では静かで無口な人だったらしい。その分、祖母が勝ち気で家内を切り盛りしていた。仲の良い夫婦であったという。私の父・三郎は名の通りその三男坊である。

母方の祖父は珍しい経歴の持ち主である。蛍田の農家の気ままな次男坊で、若いときから伝手を得て海外に渡り、何時の頃からかアメリカ海軍軍属となった。第一次世界大戦を戦艦ネバタの乗員として参戦、戦後三十八歳で帰国、以後悠々とはいかないが若くして自適の道に入った変わり種である。余り感心した話ではない。短躯丸顔、世界を股にかけた割りには善良で世話好きな人だった。同村の祖母と井細田に世帯をもったのだが、祖母は殆ど故国を留守にしていた亭主に代わり、家と子供達をしっかりと守った辛抱強い人だった。母はその次女である。

以上は身内の話であるから割引いていただきたいのだが、両親は勿論のこと、私がこの四人の祖父母の長所短所を、強弱は別にして十二分に受け継いで今存在することは言を俟たない。背は高からず高からず一見童顔、温順のようでいて意外に頑固、無鉄砲。強気と弱気が交互に顔を出し、淋しがりやで賑やかなことが好き。自分の立場を忘れて人の世話をやく。自身の好きなところや嫌いなところ全てが、考えてくるとみんな祖父母のせいのように思えてくる。

狭い足柄平野の中で何代にもわたって連綿と流れ、結ばれて来た血が、身体の中で凝縮し、私の性格や嗜好を左右している。こう思うと祖先への言いようのない畏敬の念を覚えるのである。

今、私が祖父母の余慶の中に生き、市長として次代を築く為に努力するように、祖父母もまた私達の為に必死に生きてきた。

すべての人に各々のルーツがあり、過去の積み重ねの上に未来がある。こうした営みの連鎖により人もまちも創られてきたと思うと感無量である。　（一九九七・一〇・一五）

冷蔵庫大好き人間

昼でも夜でも午前様でも、家に帰るとどういうわけか真っ直ぐ台所に行き、まず冷蔵庫をのぞく。パーシャルも冷凍庫も野菜庫までもである。「男のくせに台所をうろうろするな、みっともない！」と子供の頃から父によく怒鳴られた私であるが、実は恥ずかしながらこの習性は今も殆ど変わっていない。台所と居間の区別がつかないような狭い我が家に帰ると、何となく冷蔵庫に手が伸びるという寸法である。

「良明さんて帰ると何時も冷蔵庫を開けるのねぇ。変ねぇ」。ずっと前から忙しい我が家の台所のお手伝いに来てくれている幼なじみのK子さんにもいつも冷かされる。時分どきは特にそうなのであるが、満腹で帰った時でも、悪酔いして頭がフラフラの時でもやっている。おいしそうな料理や果物が一杯つまっている時には、必ず何かちょこっとつまんだり飲んだりする。全く無意識の内にである。空っぽ同然でただ白い冷気が漂っているだけのようなこともある。そんな時は無性に腹が立ったり、侘しくなったりする。大の大人が馬鹿な話しではないか。

何時の間に何でこんなことになったのか、我ながら不思議に思う。昭和十八年盛夏、まさに太平洋戦争の真っ只中に産声をあげた私。敗戦後の荒廃した世相こそ小さくて記憶に定かではないが、しかし劣悪な衣、食、住環境の中で、家族一同肩を寄せあってひたすら一生懸命生きてきた実感を持つ。芋ダンゴ、すいとん、混ぜ御飯、手作りパン……。

こう思い出してみると、幸せなことに幼少期余り腹を空かせて泣いたような悲惨な思いはなかった筈なのに、いつも頭の隅っこに飢餓感があって、常態的に目が食べ物を欲しがるのか、いつでも必ず食べられるという事実の確認をしたがっているのか、真夏生れの私が開けた時のあの冷風にただ快感を覚えたいのか、はたまた疲れている身体が何か甘味や水っぽいものを求めているだけなのか、何故だか分らない。無意味で本能的な行為である。みっともない限りである。亡父の言う通り「男子厨房ニ入ラズ」で私の悪癖の一つである「冷蔵庫大好き人間」を早く止めなければならないのだが……。

いずれにしても「小人閑居して不善をなす」の類の話ではある。（一九九八・七・一五）

親の子

熾烈を極めた統一地方選が終わった。議員さん達それぞれの新たなスタートに心から拍手を送りたい。

昭和四十六年春、史上最年少候補が小田原市議選に初挑戦した。弱冠二十七歳、独身の私である。記録は今もって破られていない。

亡父・三郎は昭和二十二年、三十四歳で小田原市議に初当選、以後、戦後の復興期の一翼を担い五期二十年間在職した。どこか野放図な荒武者だった父は、家庭や事業をなおざりにしてまで市政に献身熱中した。ある時、わき目もふらず長期間かけて大がかりな本市発展のグランドデザインをまとめ上げた。その献策が結局受け入れられないと判った時、挫折感と無力感を覚えた父は、その後急速に市政への情熱を失ったらしく、今の私より若い五十四歳で引退してしまうのである。翌日から父はそれこそ畑違いの土に親しむ生活に没頭してしまった。私はこんな変わり者だが、情熱一杯の父親の背中を見て育った。

その後、代替わりで父の後継の方が一期務められたが、二期目の選挙の直前、急病で出馬辞退の止むなきに至った。当然のように父が再度支持者からの出馬要請を受け、断固の拒否にあうと「それでは倅に」とこれも当然のようにまだひよっ子の私にその勢いが向けられたのである。

私は大学を出て直ぐ独立をし、事業もようやく軌道に乗って面白くもなってきた矢先である。当然ビックリ仰天、嫌がる私の気持にお構いなく強烈な説得が続けられた。父で苦労して大反対の母は貧血を起し、何日も寝込んでしまった。しかし父が二十年もの長い間お世話になって、その重さを十二分に受け止めていた私は、後援会幹部の連日連夜の粘り強い口説きに抗しきれず、最後には半分どうにでもなれとOKをしてしまった。無鉄砲な私の決断に、母は「親の子だねぇ」と嘆くばかりであった。かくして父は市政から離れ、かくして倅は市政に身を投じたのである。

それこそ「親の子」で、その後まちづくりにのめり込んだ私は、以来市議十六年、県議五年、市長七年。この二十八年は、私の人生そのものである。地方自治、地方政治に携わって、まさに私の天職となった。振り返ると、戦後の半世紀近くを親子二代で懸命に務めさせていただいた。いつの間にかふるさとの「まちづくり」が父と私、親子二代の「天職」となってしまったようである。

市政を、まちづくりを語れば尽きない熱い想いが沸々と湧いてくる。一筋に精進できる幸せをただ噛み締めるのみである。

（一九九九・五・一）

恩師

一通の年賀状を手にしている。見慣れた大学時代の恩師の建築家らしい几帳面な字で、私の健康を気づかい、今年も頑張れ、との簡潔な文面である。

昨年暮れ、学生時代に在籍した研究室の先生から、恩師Ｓ先生が危篤との突然の報らせを受けた。急遽時間をやりくりして見舞いに駆けつけたが、先生には結局逢えずじまい。奥様にくれぐれもお大事にとお話しして、その場を辞した。何となく予感はあったのだが、暮れも押し迫った日、先生はふっと逝かれてしまった。何時でもお逢いできるからと身勝手に思い、無沙汰をきめこんでいた私にとってまさに晴天の霹靂、天罰てき面、悔んでも悔みきれない想いであった。

Ｓ先生は学生時代、大学ハンドボール界の名選手として鳴らした。親分肌でまるで兄貴のような若い先生に惹かれて、私は創設されてまもない先生の研究室に入った。そのキャラクターからか、仲間はどちらかというと体育会系が多く、バンカラ家族のようなあったかさに常に包まれていた。

大学を卒業後、直ぐ独立をして小さな建築会社を始めた私にとって、S先生や研究室の仲間、後輩達のネットワークは本当に頼りになる存在だった。技術面でも営業面でも、兎に角どんなことでも一報すれば即、東京から後輩を連れて助けに来てくれた。

ある日、先生から電話が入った。何日か前に結婚をした。新婚旅行がわりに明日から箱根に行くので付き合ってくれないか、とのことだった。急いで車を磨いて準備をし、できるだけお二人の邪魔をしないよう遊覧船やロープウェイに乗っていただいたりした。シャイな先生らしい微笑ましい想い出である。

一級建築士の試験が迫った私が、仕事が忙しくて準備ができないと愚痴ると、「よし、家に来い」。新婚の先生宅の二階に十日もお世話になり、お蔭で一発で合格した。

その後暫くして大学をお止めになり設計事務所を開設されたが、先生の周囲には相変わらず研究室の学生や仲間が集っていて、私のSOSにも相変わらず後輩と一緒に駆け付けてくださった。

重病の床でしたためられ、投函されずに葬儀の日に奥様から手渡された賀状を、数ヶ月を経た今も時折黙然とみつめる。

先生は一体どういう人だったのだろう。先生は私に何故ああまでしてくれたのだろう。私は先生のご厚恩に少しでも報いたことがあったのだろうか……。

（二〇〇二・五・一）

五十五年目の手紙

一夜、家に帰ると母がポッンと一人炬燵に座っていた。目を真っ赤に泣きはらしていて、「良明、見てごらん」。手渡されたのは毛筆で母の宛名が書かれた古い茶色の封筒である。裏には「相州国府津駅押切、海産物仲買商、小澤良造」、と電話や振替番号等と一緒に印刷されている。私の父方の祖父から母への私信らしい。大切にしている古い桐箪笥の奥の書箱から出てきたのだという。

母にとっては義父になる小澤良造は、家業の海産物仲買を手広く営む傍ら、多少の公職等もこなして、いわば地域の名士でもあった。私の両親は後々までこの良造を敬慕し、長男の私の名前も祖父のように立派になって欲しいとの願いを込めて「良」の字を付けた。母は懐かしいその義父からの、五十五年ぶりの思いがけない手紙を、何度も何度も読み返しながら一人涙にくれていたのである。

中の黄ばんだ二枚の祖父の専用箋には、まるでつい何日か前に記されたかのように鮮やかな墨の文字が書き連ねられていた。二枚の内一枚は母宛、一枚は何と姉と私宛のものであった。この頃、祖父は既に不治の病に冒されていて、母の記憶によれば、亡くなる僅か二〜三ヶ月ほど前に病床でしたためられたものらしい。祖父同様に長患いの床に就いていた母の容態を案じ、自分の事は天命だからと差し置いて、くれぐれも養生して早く良くなるようにと、祖父の慈愛が行間からにじみでるような文面である。幼い私達への一枚には平易な文章で、母の言うことを良く聞いて親孝行を尽くすように、そうすれば早く母が良くなる、と諭すように優しく書かれている。

長く臥せっていて、不安とやりきれない想いの母にとっては、多分何層倍も厳しい、生との決別さえ覚悟している時期の祖父からの励ましの手紙は、どんなにか嬉しくありがたかったことであろう。まだ四〜五歳だった私にはこの手紙の記憶は全く無く、初めて見る祖父からの直筆の手紙に、心が震えるような感動を覚えた。両親からかねがね聞かされ畏敬してきたあの祖父が、この便箋をその手で押え、筆を手に取り、一字一字書いた。そう思うと、切ないほどの哀惜の想いがこみあげてきたのである。

五十五年前に書かれた大切な祖父からの手紙。母や私達にもたらしたものは余りにも大きい。

（二〇〇三・四・一）

父のビデオ

板橋のお地蔵さんの日が父の命日である。厳寒の朝、農園で母や職人さんたちとおおっ話の最中、ふっと逝ってしまった。

過日、その父の十七回忌を親族だけでこぢんまりと催した。お客様は父の出の本家からだけで、後は母と私たち姉弟夫婦、その子どもや孫たちで総勢二十数名のみである。

事前に何か趣向をと考えていて、父が愛情込めて育てた農園で、まだ小さかった私の二人の倅たちとたわむれているビデオがあったことをふと思い出した。「もし嫌でなかったら、親父のビデオを皆に見てもらいたいけど、どう?」と母に聞いてみた。生前の生々しい父の姿や声を目の当たりにして、動揺でもされたら困る、と変に気を回したからであるが、「そうね」と、予想外に明るい母の応諾にホッとしたものである。

食事会の席での皆に内緒の突然の放映は、改めて父との思い出を呼び覚まし、各人各様、感無量の態であった。曽祖父の姿に初めて接したひ孫たちも何か伝わるのだろうか、この時ばかりは神妙にじっとみつめていて、目頭が熱くなった。

父の手の良く行き届いた往時の農園の風景、そして手伝いの人と母の二人で折々に面倒をみているだけの何となくまとまりがなくなり始めた今の農園の姿。双方の落差に今更の如く父を亡くした無念さと、私自身の不甲斐なさに複雑な想いにとらわれたものである。

父が本家を出て、激動期、苦労の人生を歩み始めて七十年余。それこそあっという間に八十五歳の母から幼児までこれだけの「ファミリー」に膨らんだ。ビデオに見入る皆の表情をみまわしながら、こうして一軒の家は栄え拡がって行くのか、こうして血の絆が太く長く縒られていくのか、新しい一族の始まりにあの父がいて、それを引き継ぐべき私自身、そしてみんな。僅か数分の私の撮った下手なビデオだが、心の奥深くに、何か大切なものを置いてくれたような不思議な気がした。

お寺の本堂の厳しい冷気の中、読経に耳を傾け、父の冥福をひたすら祈る一同。そして食事会のビデオの後、わいわいがやがや大賑わいの一同。亡き父やご先祖様たちの豊かな恩恵に少しの間だけ頭を垂れ、後は「ファミリー」の温かさにどっぷりとつかった十七回忌であった。

（二〇〇六・三・一）

母の願い

わが家では、父が戦前から機械関係の工場を経営していました。長男でしたが文科系志望の私は、家業をつぐ気はさらさらありませんでした。ところが、高校二年生の中途に、進路方針を決定しなければならないことになって、「文科系の大学に行く」と宣言した私に、母がそれこそ泣きの涙で「一体誰が家を継ぐのか、工科系に行って欲しい」と切々と訴え、口説き続けるのです。

何日間かの親子のせめぎあいの中でとうとう折れてしまった私にとって、その後の一年余はそれこそ苦闘の連続でした。

ようやく面白さを覚えてきた剣道部も退部し、大嫌いだった数学と物理の猛勉強をしなければならなくなりました。高校の授業を終えて家に帰ると、もう家庭教師の先生が待っている、という毎日でした。いやでいやでどうしようもなく、母にぶつぶつ不満を言いました。それでも、結局自分の意志で決めたことだから、とがんばり続けました。今振り返ってみても、勉強嫌いの私にとっては口で言えないほど厳しい苦しい時期でした。

しかし好むと好まざるとにかかわらず、本当に何かに熱中した、これほどただひたすら全力を投入したという経験は初めてでした。このときの受験地獄が私にとってのまさに「青春」だったと思います。

若いうちから地方政治の道に入った私は、その後何回か政治生命をかけた決断を強いられました。しかもこれらの決断の前後には、必ず大きな苦痛と厳しい戦いが伴いました。

そのどれをも曲がりなりにもくぐりぬけてこられたのは、あの私の「青春」があったから、と今でも思うことがあります。

受験戦争の功罪がいろいろ言われますが、振り返って「貴方の『青春』は？」と聞かれたとき、あれが自分の「青春」だった、と妙に懐かしいような、一種言いようのない充実感に浸ることのできる時を持てたことが、私にとっては最大の財産であったと思います。母がくれた私の「青春」です。

母がそれこそ全身で反対し、嫌がったことがあります。

私の父は工場経営の傍ら戦後すぐに市会議員になり、五期二十年務めました。その後、後継の方が一期を無事務め上げ、二期目の選挙もあと投票日まで一ヵ月半ほどまで来て、突如、急病で出馬することができなくなってしまいました。もう三十数年前のことですから、まだ議員は地域の利益代表のような要素の色濃い泥臭いところがありました。後継者がいなくては地域の大きな痛手、ということで、まわりまわって結局、何と元市議の息子の私にお鉢が回ってきたのです。まだ二十七歳、独身で、家業とは別にようやく自身が創業した小さな建設会社も軌道に乗り始めた矢先でした。紆余曲折の後、地域の有力者の皆さんがとっかえひっかえ、わが家を訪れては「息子を出せ」と血相変えて父や母を口説き始めたのです。

父はただニヤニヤ笑って「本人がねぇ……」とかとぼけているばかり。それに反して、何年も父の道楽（?）で散々苦労を強いられてきた母は、可愛い息子だけは絶対駄目、家業がつぶれる、と断固反対でそのうち寝込んでしまいました。しかし、父、そしてわが家が長い間お世話になって、その恩義も常々強く感じていた私は、皆さんから連日連夜頭を下げられ、そのうち半分面倒くさくなって、どうにでもなれ、とばかりに「分かりました」と返事をする羽目に追い込まれました。多分門前の小僧で、どこかに父の影響を受けていたのでしょう。母は泣いて大反対をしました。でも、その分だけいざ戦いになるとわが子可愛さに滅茶苦茶に動いてくれました。投票日まで一ヵ月足らずの短期決戦となりましたが、四十人ほどの候補者の中で十位という好成績で当選できました。

ところ天のようにただ押し出された形の私でしたが、やはり親の子で、徐々に自分なりに面白くなり、目的も理想も信条も地方政治家として確固としたものになりました。

今でも最初のあのとき大反対した母の悲痛な表情、母の願いを思い出します。その後市議選四回、県議選二回、市長選四回と計十回の選挙を戦ってきましたが、母は以後ただの一度も反対しませんでした。むしろその時々、母なりに全力で協力してくれました。

父は十数年前に身罷り、今や、母八十四歳、私六十一歳。老いたりとは言え元気な母は私にとってもわが家にとっても大きな戦力です。何か市政に問題が生じたりすると、気配で察するらしくただ心配そうに「良明、大丈夫かい」というだけです。いつまでたっても母は母、倅は倅です。

母の言うとおりにした大学受験、母の反対を押し切って出馬した初めての市議選。私の人生の大きな転機となったそれぞれの母の願いでした。

（「市政」二〇〇四年十一月号）

ふと振り返ると

戦後すぐから、我が家は良くも悪くも地方政治にどっぷりとつかってきた。父が五回、私が十回、計十五回もの選挙の荒波をくぐり抜けてきた。毎回の激戦はもちろん、「平時」でも多くの支持者の皆さんに口では言い表せないほどのお世話になってきた。

「政治は男の最高の道楽」、「男子の本懐」等と、昔はよく言ったものだ。男は選挙戦に大袈裟でなく命を懸ける。そんな父や私の戦いに、それこそ商売や仕事を放り出してまで献身して下さる多くの支援者の皆さん。いざ鎌倉、というと一年前から作付けまで変えてしまう農家の方、数ヶ月も前から会社の営業方針を変更してしまう社長さん。実際の話である。父も私もそんな方々に支えられてきた。当然のこととして母も妻も倅達も、日々心の底から感謝の中にいる。激戦を重ねるごとにこうした深い思いが嵩じて、段々と支持者だけでなく「世間様」に頭が上がらなくなってくる。

他人様と出会って目があえば、見知らぬ人でもこちらから先に頭を下げる。外に出れば「でしゃばり」、「お高くとまっている」、「礼儀知らず」……、常に批判にさらされる。家族は知らず知らずに出不精になったり、親しいお付き合いの輪も自ら縮めてしまう。習い性となる。長い戦いを経て政治家にありがちな「一将功成りて万骨枯る」型家庭に、我が家もなった。因果な仕事である。

父も私も、まちのため、市民のための滅私奉公、と強烈な自負心とプライドに支えられ、自らを励まし脇目もふらず激浪を必死で泳ぎ渡ってきた。しかし、ふと振り返ってみると、そこには自己犠牲をモノともせず、愚痴も言わず、政治活動を長い間懸命に支えてきてくれた家族がいた。そのことを知っていながら知らない素振りをしてきた父や私を、大らかに包み込んでくれる、ちょっと変わった家族かも知れないが、温かい磐石の家庭があった。父の時代に「我慢のおしん」の母や私たち姉弟がいたように、私にも何もないような顔をして妻や倅達がいる。

他所様に出来るだけ迷惑をかけないよう細やかに心配りをし、しかし、一朝事ある時は一致団結して力を振りしぼる。こんなことを半世紀も続けてきた我が家のみんな。今、振り返って大いなる感謝と、身勝手な言い草かもしれないが言いようのない誇りと愛着を覚えるのである。

（二〇〇八・四・一）

二　山よし　海よし　天気よし

私たちの緑

広大な市域のうち、三十七%を山林が占める。特に箱根外輪山に連なる西部丘陵は、明治以後に植林された県下有数の足柄林業地として知られ、杉、檜《ひのき》等の美林に覆われている。過日、この小田原の緑の深部に入った。林道を幾つも通り抜け、鬱蒼《うっそう》とした森林地帯に入ると、森の神、森の精に語りかけられているような気分になる。

遥かに一望できる尾根伝いの道から下界を見回すと、連なりうねる起伏のすべてが、あるところは整然と並び、しかも手入れの行き届いた杉林、またあるところはべりッと緑のじゅうたんをむしり取ったような、苗木の植林地の繰り返しである。

私たちの気付かないところで、人の手がきめ細かく計画的に入っている。幾世代にも渡って、麓の村から汗を流し、黙々と山を守り育ててきた林業家の厳しさと忍耐に今更ながら驚く。

この深い緑が、二十万市民の生命線である大量の酸素と、清冽《せいれつ》な水を担保している。大いなる自然の営みと、そして小さな人間の果てしない努力の積み重ねが、微妙に、あるいは力強く相まって、私たちの生命《いのち》と暮らしを支えていることに大きな感動を覚えるのである。

緑濃い山並みに抱かれている我がまちに安心感を覚え、一種の誇りすら感じるのであるが、この緑は決して座視していて得たものではないし、特にこれからは、格別な意思が働かなければ守れはしない、ということを強く自覚した一日であった。（一九九三・九・一五）

夏・鮎・想い

鮎釣りから遠ざかってもう数年になる。海釣りや他の川魚は駄目なのに、鮎釣りだけは大好きだった。

昔、元気者だった父に連れられて良く行った酒匂川のキラキラ光る水面、まるで宝石箱のような父の毛バリ箱の中身のあでやかさ、鮎と直結する幼い頃の原体験である。

ただぼうっと川の流れのままに漂うかの心身の浮遊感、周囲の自然との一体感、かかった一瞬のビクッと身体中を電流が走り抜けるような手ごたえ、何とも言えない姿の美しさ、さわやかな香気と鮎の魅力、鮎釣りの醍醐味を言えば、私のように素人釣り師であった者でもきりがない。

「ドブ釣り」が好きだった私の車のトランクの中には、竿数種、夢中で準備した仕掛け類、タモ、ゴムタイツ、ジャケット等の七つ道具が常に収まっていた。川の匂いをかぐと、やもたてもたまらず、車を草むらに乗り入れ、サッと背広を脱ぎ、見る間にいっぱしの釣り師に大変身、というようなこともしばしばだった。

いつの頃からか非常に忙しくなって、そういう自分を抑えつけてきたような気もする。

何故だか分からないのだが、何年かぶりかで、あの清冽な流れや、芸術作品と見まごう端麗な鮎の美しさに触れてみたい、無性にそんな想いに駆られる今年の盛夏である。

（一九九四・八・一五）

雑木林

市庁舎前に雑木林ができてから三〜四年たつ。

小田原のまちの自然の美しさは格別であるが、とは言うものの特に市街地は城下町のわりに緑が少ないという批判も多い。緑地の拡充や街路樹の整備は、環境先進都市を目指している私にとって大きな課題であった。

そこでかねてよりだだっ広いあの無機質のコンクリート広場が気になっていた私は、まず市庁舎前の緑化に手をつけた。まちづくりへの基本的姿勢を象徴的に表わし、自然や環境問題への意識啓発のためにも最適の「場所」と考えたからである。

しかし当初は異論もあった。盆踊り大会や災害時避難場所に使いにくい、落葉が迷惑、青少年の不健全なたまり場になる等や、市財政厳しき折、不急の庭づくりに無駄に市費を使うべきでない等々である。紆余曲折、苦心の末ようやくできた雑木林である。

当たり前の発想ならば、北側の既存の日本庭園風に合わせて増設するのだろうが、私なりの強い思い入れもあって、訪れる市民や内外のお客様に四季の移ろいの美しさを楽しんでいただけるよう落葉樹主体の雑木林にすることにした。たんたんと広がる丘、こもれびに光る一面の下生え、可憐な野草や生き物達。すっ、すっと立ち上るナラ、クヌギ、ケヤキやカエデの柔らかな広葉樹林。国木田独歩が名作『武蔵野』の中で、「春夏秋冬を通じ、霞に雨に月に風に霧に時雨に雪に、緑蔭に紅葉に、さまざまの光景を呈するその妙は」と

市庁舎前の雑木林　ナラやクヌギなどの落葉樹が主体で、四季の移ろいが楽しむことができる。

絶賛しているかの雑木林である。

面白いもので、庭園業のプロの方や市の設計技術者の頭には、こんなイメージの庭づくりは余り無い。私のこだわりと彼等の主張の中で多少のいきさつはあったが、結果的にご覧のような素敵な雑木林となった。隣りの日本庭園とも余り違和感を覚えず、ほっとしている。

コンクリート広場の変わり様に評価は人それぞれであろう。しかし「自然や環境を大切にするまち」という情報を発信する「場所」としての機能は十分果している、と散策する都度確信を深めている。年を重ね、四季を経るごとに、独歩の熱愛した武蔵野の雑木林の如く、心にしみ入るような空間として成長し続けて欲しいものだ。

（一九九八・六・二五）

小田原って……

「ビジネスマンにとって定年後住みたい町」の人気投票で、小田原が全国十六位の上位にランクされた。

激しいビジネス戦線からようやく解放されて、人間らしい自由で本来的生活を取り戻せるという喜び、もっと言えば一個の生命体としての生息要件に真に適合した環境空間に居住する、という本能的欲求を満足させ得る場所として多くの支持を得たということである。

その他いろいろな都市好感度ランキングでも、最近の小田原市は全国三千二百以上ある自治体の中で常に高位をキープしている。

「いつの日にかどうしても小田原に住みたい。夫婦二人の長い間の夢だった。念願かなってあこがれの地に終の栖《すみか》を得た。二人だけの散歩道も見つけ、スニーカーまで新調した。そんな矢先突然のように主人が急逝した。主人の俤《おもかげ》を胸に秘め、今、私は二人の愛した小田原を、散歩道を一人で歩いている」。確かこんな内容だった。全国紙の投書欄に掲載され、「広報おだわら」五月十五日号でも紹介したことで、お目に止められた方も多いと思う。このご婦人の深い悲しみが私にもひたひたと伝わってくるようで胸が一杯になった。

同時に小田原をこんなにも愛してくれている人がいるということに大いなる感動を覚えた。「東日本最大、最古の弥生式遺跡」と全国に喧伝された中里遺跡の発掘もまた我がまちへの思いを新たにする出来事だった。

二千百五十年程前、縄文文化社会を営んでいた原小田原人（？）の中に、瀬戸内の先進稲作技術を持った弥生文化人集団が移住し始めた。それも驚くべきことに途中にその痕跡は全く見られず、近畿から直接我が小田原に移住したと見られるのである。海流に乗って知多半島や駿河湾や伊豆半島に或いは辿り着いたのかも知れない。しかし行ったり来たりしながらも彼等が結局永住の地と定めたのは、我が小田原・中里の地であった。古代人達がそのあるがままの皮膚感覚、感性で、国府津の入江に上陸し、曽我丘陵、酒匂川、足柄平野といった一帯の天の恵みや住環境を選択したのである。豊かでのびやかな風土の中で幸せに暮していた原小田原人の姿が、新天地を求めてあえて困難に挑戦してきた先進弥生文化人達の求めるところと、ピッタリ一致したのかも知れない。

独断と偏見でこう古代のロマンに思いを巡らす時、我がまちの輝くばかりの個性に胸が熱くなる。

最近、全国に発信された小田原情報の幾つかである。

（一九九九・九・一）

木の城下町

小田原は「木の城下町」である。市内早川に「木地挽《きじひき》」なる地名があり、芹椀《せりわん》を社宝とし古くから「木の宮さん」と呼ばれる紀伊神社がある。木地師の始祖と言われる惟喬《これたか》親王が祭られ、平安中期、千百年ほど前、京都のろくろ師集団が小田原に土着し、関東木地挽きが発生したことを、哀切極まりない親王伝説と共に神社は伝えている。今も繁栄する小田原木製品、箱根物産業界の守り神様である。

去る五月、国の特別指定伝統的工芸品の全国漆器産地二十二自治体が和歌山県海南市に集い、「第十三回ジャパン〈漆〉サミット」が開催された。余り知られていないが、漆器のことを英語でジャパンという。数年前石川県輪島市の時に参加して以来、代理で済ませご無沙汰していたのだが、今回の和歌山サミットだけは木（紀）の神様と本市とのゆかりからもどうしても参加したかった。惟喬親王の母君が古代氏族の名門紀伊国（木の国）現和歌山県の国造、紀氏の出であったことや、漆器工芸品の産地が、太平洋岸では海南市と本市、鎌倉市のみで、間に他産地が全くないことに、黒潮が結ぶロマン、絆のようなものを強く感じていたからである。小田原木製品の源流を訪ね、多彩な顔を持つ我がまちを、

「木の城下町」でもある、とする私の想いを再確認する意味もあっての今回のサミット参加であった。

年来、本市の木の文化や歴史に強い愛着を持っていた私は、数年前、木彫の若い芸術家、デザイナー、地場の青年工人、有識者等による「地域文化研究会」を立ち上げ、様々な切り口から木をめぐる地域文化や産業の活性化策を探っていただいた。その果実は「木の文化工房」の設置から「木のおだわら市民フォーラム」、「木のアトリエ・モック」開設、子供たちの発想力を競う「モクチャー展」、「木彫りアート展」と次々に拡がり、昨年の「全国木のクラフトコンペ」の大成功と花開いてきた。民間と行政が連繫しながら、地味だが着実な成果をあげてきたのである。

一方、並行して市庁舎前を雑木林に変え、新設道路にはできるだけ緑濃い街路樹を植栽、河川の蓋がけは余りやらない、等々から始まって「癒し」の空間の創造にも細かな視点からも意を用いてきた。

「環境の世紀」に「癒し」の素材、空間、景観をまちの魅力にどう直結するか、方策はまだいくらでもある筈である。大切なことは、市民の皆さんが「木の城下町」の一員ということを日々の生活でどう意識していただけるかであろう。

（二〇〇一・七・二）

私の明神

曽我丘陵、松田山、箱根山塊、足柄平野を囲む山々はどれも穏やかで優しい。遠望する富士のお山や丹沢は別格として、酒匂川べりから見る山並みの中で、稜線がなだらかに延々と伸び、見るからにどっしりとした明神ケ岳が特に私のお気に入りである。何かこれこそ「山ぁー」という感じで、足柄平野の主、大親分のように思え、何時見ても心安まる。古道、足柄道より前の最古の「碓氷道」が中腹を巻いており、東征の帰路、この碓氷道を通った日本武尊伝説でも知られる。山容の雄大さもさることながら、「歴史とロマン」の山でもある。

残雪の明神、新緑、紅葉の目を洗われるような美しさ、そして炎暑の明神。何故か分からないが、中学校時代から友人達と良く登った。思い出もさまざまある。

金時山の方から登って帰りにけもの道に迷い込んだ。闇雲に分け入って見つけた狩川の源流部であろうか、とてつも無く大きな岩の上を必死でぴょんぴょん跳びながら下った。真っ暗になってようやく行き当った林道をただひたすら歩き続け、眼下に南足柄の街の灯がほのみえた時の嬉しかったこと。あんな危ない馬鹿なことを、と今でもぞっとする。

友人達に秘かな引け目と口惜しさを覚えていることもある。早朝、大雄山駅を出発し、明神、金時と登り、仙石、芦ノ湖畔を歩き、夜の八時、芦之湯で足の痛さに我慢できなくなってとうとうバスに乗ってしまった。達者な仲間達は強羅駅まで歩き続けたというのにである。山男には馬鹿にされそうだが、それでも今の私には考えられないような無茶な事で、それだけに懐かしい、忘れ難い思い出のつまった山である。

折節、間近に見て心惹かれながらも、何十年も単に大好きな風景とのみ考え遠ざかっていた明神が、私にとって再び身近な山、特別な山となったのは数年前からである。何の準備もなくふと思いついて気軽に道了尊から登った明神の何と辛かったことか。景観を楽しみ、涼風に身を委ね、周囲の樹木や足元の草花に目をやる余裕など全く忘れ、ただ頭の中は真っ白。果てしなく続く長い登り坂に息も絶えだえ、脚はガクガク。自分の体力の衰えに愕然として、趣味は「山歩き」と近頃では広言する端緒となった山、幾つになっても縁の切れない愛する山なのである。

〽明神ケ岳に日が落ちりゃ、

私の母校小田原高校の歌の一節である。足柄平野では日は海から昇り、明神に沈む。朝も夕暮れも、四季折々も、いつも私の明神は美しい、頼もしい。

（二〇〇一・一一・二）

私の水物語

我らが母なる川・酒匂川は、余り知られていないが、日本でも一、二を争う「低水流量」を誇る川、即ち流水量が常に安定していることではトップクラスの川なのだそうである。水系の豊かな地下水に支えられ、足柄平野はまるで水盤の上に浮かぶ美しい島のようである。古くからこの「島」に住んだ「足柄原人」達は、水の恩恵を代々受け継いできた。私の御先祖さんも何代も何代も前からこの「島」に土着してきて、いわば私も水に生きた「足柄原人」の裔なのである。

私は市内井細田に生まれた。今と違って当時は地名の通りの印象で、家の裏手は一面の田んぼで、畦道を歩いて行けばほんの数分で酒匂川べりに着いた。途中にある一間半ほどの幅の小川には、いつもきれいな水が豊かに流れて水草がユラユラ揺れていた。友達と土堤に腹ばいになってじっと水底をのぞきこんでいると、鮒やハヤの銀鱗が縦横無尽に踊っていた。暇さえあれば川の中に入って竹でできた「ブッテ」や「モジリ」で小魚やウナギ獲りに熱中した。酒匂川でも良く泳いだ。親の注意も忘れて、水中の砂利採取の穴にはまって何回か溺れそうになったこともある。いずれもあの辺りに育った同年代なら、誰もが歩んできた古き良き子供時代である。

こうした水との子供の頃からの濃密な関わりが鮮烈に脳裏に焼き付いて、私の水イメージの源泉になっているのか、或いは私の内なる「足柄原人」の水遺伝子のせいなのかよく分らないのだが、今でも美しい水への執着は強烈である。柿田川湧水も忍野八海も梓川も、ただじっと水面を見つめていたいというそれだけで、ふっと思いついたように訪れた。ブナの大木に耳をあてるとゴウと水を吸い上げる音が聴こえるという話しに魅せられて、矢も楯もたまらず雨期の白神山地にも出かけた。

澄みきって透き通るような湧水や清冽な流れをじっと見つめていると、まるで身も心も溶けてしまって魂が引き込まれて行くような不思議な感覚に襲われる。誰もがみんなそうなのか、自分でもちょっと度が過ぎていると思う。水の魔力に憑かれているのだろうか。

水の魔力に守られ、水に生かされ水に育てられている私。じっと耳をすますと、もしかしたら私の中をまるでブナのようにゴウゴウと音を立てて流れている水の音が聞こえるかもしれない。

（二〇〇二・三・一）

早　川

過日、神奈川県河川委員会の「早川水系」の整備検討会で私は、①静岡県側との間にかねがね議論のある芦ノ湖の水利権をしっかりと主張して欲しい、②下流域（小田原市域）の整備は可能な限り自然を復原して欲しい、と特に二点を要望した。

芦ノ湖の水利権は、一六七〇年小田原藩が新田開発政策の一環として深良用水隧道を築造したことから、静岡県側にのみ利水権があるとされ、本県では利水できない。周知のことである。しかし法的なことは良く判らないが、太古から芦ノ湖は県内のあの位置にあるし、県内のみを流れる早川をたった一本の排水河川として我が相模湾に注ぐ。地勢的にも歴史的にも、神奈川県域や域内住民と一体となって存在し続けてきた。誰がどう見ても、僅か三百年余の深良水門の利水の実績を何百、何千倍もしのぐ。この重みをもっと大切にして欲しいと思ったからである。

早川　下流域は鮎釣りなど、市民に親しまれている。

早川の水源は仙石原の湧水群である。やがて箱根外輪山と中央火口丘の間を流下し、千仞《せんじん》の谷と称される深い渓谷を刻む。底倉《そこくら》で蛇骨《じゃこつ》川を、湯本では須雲川をあわせ、水量が増し川幅も拡がり勾配も徐々に緩やかになる。流長二十一キロメートル、高低差七百メートル、その名の通り急流である。

一二七七年十月、京から鎌倉へ所領の訴訟の為に向かった阿仏尼は『十六夜日記』の中で、「(湯坂路を)からうじて越え果てたれば、麓に早川といふ川あり、まことにいと早し」と記し、河口部周辺を「日暮れかかるに、なほとまるべき所遠し。伊豆の大島まで見渡さるる海づらを、いづことか言ふと問へば、知りたる人もなし。海女の家のみぞある」。荒涼とした早川海岸の当時の風光が目の前に浮んでくるようである。

下って一九一八年、小田原をこよなく愛した北原白秋は、「お花畑の春雨」の中で、「早川口の橋袂に出て見ると、驚いた事には川洲は草で真青になっています。少しづつ枯れ枯れの洲が青みかかって来るやうに思ひましたが、二、三日来て見ないでいると、もうこのとほりです。傍の水車は、落花や流れ藻に堰かれていくらか廻りが緩くなったやうに思ひました。全く、晩春です」……。

早川は四季折々、上、中、下流域それぞれ多彩な表情を持つ。沿川住民はその時々のあるがままの早川に限りない愛着を持つのである。

(二〇〇三・五・一)

相模の海

小田原の海は豊かこの上もない。

相模湾は、伊豆半島下田、伊豆大島、房総半島先端の洲崎の内側を言う。ここに魚類千三百種、貝類千百種、かに類三百五十種、藻類三百八十種、計三千百三十種以上と驚くほど多品種の魚介類等が回遊、生息し世界的な海洋生物の宝庫である。

これには幾つかの要因がある。まず波打ち際から急速に水深を深くし、千メートルの等深線が小田原沖五キロメートル、千五百メートルが湾のほぼ中央から始まり、海底はやがて超深淵に落ち込むという大自然の妙。そして南から温かな水を運ぶ黒潮の通り道で、かつ北からの冷たい親潮が丁度反転北上する影響を大きく受ける位置にあること。乱暴に言えば小田原の海の外で暖流と寒流とがぶつかり合って相模トラフから日本海溝へと渦を巻いて流れ込むというイメージであろうか。加うるに丹沢山塊や箱根山系からの相模川や酒匂川の潤沢な恵みや、通称「瀬の海」に代表されるような大陸棚が良質で安定した沿岸魚種の生息域を形成していること等と、更には我が国で最も温順な気象も好影響を及ぼしているのかも知れない。

漁業の家に生まれ、海に格別の思い入れのあった亡父の話と専門家からの知識をまるめ込んだラフな私見であるが、大きく違ってはいないと思う。つづめて言えば相模の海は我が国屈指の好漁場ということである。

ところで近年公共事業の見直しの中で、投資対効果からの国内漁業や漁港ムダ論が一部経済評論家等からかまびすしく指摘されている。しかし一方では食料安保や資源保護論からの国内漁業の育成振興が強く叫ばれ、私自身も「神奈川県水産振興促進協会」の会長として全国サミットの場や水産庁に対して、「自然と環境の世紀、食と文化の時代、健康長寿社会に沿岸漁業の存在が今ほど重要な時は無い。確信を持って漁業、漁港の振興を期すべき。特に都市住民の理解と支持が大切。その為にも首都圏という一大消費地を抱える相模湾とその治岸漁業の最重要拠点、小田原漁港に国、県はもっと注目すべき」とかねがね声を大にしている。

自然環境や資源を保護し、国内漁業のこれ以上の衰退を防ぐ為にも巨大人口を抱える首都圏に向かって、相模の海や小田原漁港の魅力を大きくアピールすべき、という私の主張は我田引水のひとりよがり論であろうか。

（二〇〇三・一〇・一）

東洋のリヴィエラ

梅雨の晴れ間の一日、早川～根府川間を歩いた。昭和初期、ドイツの建築家ブルーノ・タウトが遊び、東洋のリヴィエラと絶賛した小田原の至宝、片浦をあらためて自身の目と心で確かめようと思ったのである。

早川・石橋農道を少し入ると、いきなり眺望絶佳（大げさでなく）である。眼下に拡がる青い海原、白い汀線、箱庭のように美しい小田原の市街地。遠くかすかに横浜のランドマークタワー、緑濃い真鶴半島、空と海に溶け込むような大島の淡い影。

強い陽射しを心地よく感じながら石橋の集落の上に立つと、トンネルからゴウ音と共に殆んど同時に新幹線と在来線がとび出してきた。急峻な片浦丘陵を貫いてせめぎあうように走る日本列島の二大動脈。多分ここでしか見られない、鉄道マニアならずとも垂涎の光景であろう。

久し振りに訪れた佐奈田霊社はあいかわらず静寂の中にあった。文三堂にも手を合わせ、石橋山の合戦に惨敗した頼朝の無念を想う。ねじり畑の異名のある古戦場に立つと、平家方三千、源氏は僅か三百、雑木の生い茂るこの急傾斜地で一体どういう戦い方をしたのか。

衆寡敵せず、実際のところ殆んど戦さらしい戦さにはならなかったのではなかろうか。しばし、真田与一と文三家康の霊に想いを馳せた。

たわわに実るビワを狙って、二匹の野猿が目の前を横切って行く。急に直下に開けた米神はまさに漁村の佇まいである。米神漁港の先には大型定置網のブイの群れがゆったりと波間に漂っている。過去の何回もの急潮による流失を教訓として開発、導入された新型定置網である。一番奥の金庫網の中にはどれほどの海の幸がいるのか、想像するのも楽しい。

樹の間がくれに根府川駅が見える涯上に立つと、真下の海の澄んだ美しさに息を呑む。海底の岩が、透明なエメラルドの中で鮮やかな縞模様を見せている。

青い海、白い雲。小さな船影。〽はるかに見える青い海、お船が遠く霞んでる……。思わず口ずさむ。下る道の途中の農家でオレンジをいただいた。風光も人情も美しい片浦筋である。

片浦には四つの集落がある。それぞれ上に登る農道はあるが、横につなぐウォーキングルートを開発したい、そして「東洋のリヴィエラ」から「日本の片浦」へ、そんな想いで歩いた汗まみれの一日であった。

（二〇〇四・七・一）

丹沢・堂平に入る

一千万年もの太古の昔、遥か洋上から北上し始めた大きな島が数十万年前、日本列島と衝突した。伊豆半島である。そのエネルギーが神奈川の屋根、丹沢山塊を造山した。壮大な自然のドラマは今も続き、山高を年間数ミリずつ押しあげている。丹沢は「生きている」のだ。

神奈川県治山林道協会の会長を仰せつかっている私は、梅雨の某日、以前からの課題の丹沢深奥部を視察した。山が生きている現場を目のあたりにしたい、ブナの美林と山地崩壊の現状を、という私の希望で、それなら堂平《どうだいら》ということになった。

塩水林道の終点から入った私達は、早々登り道を見誤って、工事用資材の滑落跡のような急傾斜路の直登を余儀なくされた。すぐに足元の泥土や下草のあちこちにやたらと蠢《うご》めくヤマビルに悩まされ始めた。落しても払っても靴に、靴下に、ズボンにと気味悪く這い上ってくる。ニホンジカとヤマビル、と丹沢名物は噂には聞いていたが、鳥肌が立つような嫌悪感にひと休みもできず無我夢中で登山道に辿り着いた。

重く漂う霧の道を暫らく進むと、周囲の緑が急に柔らかくなった。山守の男達の汗と織細な気配りに守られている全国水源林百選、かながわ美林五十選の堂平の森である。大小のブナを主体に、ケヤキ、カツラ、ヒメシャラ等の広葉樹が霧雨に煙って、スッ、スッと立ち、まるで絵のようだ。緑も土も冷気も六月の雨を十二分に吸ってまさに癒しの森、無上の空間である。

ふと濃霧の合い間に凄まじい山腹崩落地が現出した。明治の水害や関東大震災のツメ跡が未だ癒えず、山塊全体を傷め続けているというが、この堂平沢の惨状も息を呑むばかりである。昭和三十年代から営々と、そして黙々と築造されてきた治山ダムが何と六十四基。砂礫や泥に埋もれながらも鈍く光って、その存在を主張している。果てなく崩れ続ける圧倒的な高低差のガレ場を、辛うじて支えるかの段々の何とはかな気なことか。

大自然の脅威に立ち向かう人間のあくなき抵抗。たった一刻でも油断すれば、放置すれば、山は崩れ、森は荒れ、生態系も乱れ、川が暴れる。当然人里は衰亡する。治山事業や林道無用論が言われがちな昨今の風潮であるが、木を見て森を見ずの類いの論である。生きている丹沢の底知れぬ恐ろしさと魅力に触れた一日だった。

（二〇〇五・八・一）

何て素敵だろう

「梅の花ってこんなに素敵だったのか」。二月中旬、我が家の庭先の紅梅がようやくほころび始めた。あちこちにひっそりと身を寄せ合う蕾達、そして一つ二つ…、鮮やかな紅《あか》。息をのむような想いだった。今年は春の訪れが異様に遅く、今か今かと待ち侘びた思いの丈が、その清楚な美しさを際だたせたのだろうか。城下町小田原の花暦の最初のページを飾る梅の花の類い稀な魅力に改めて気づかされた今年の遅い春だった。

梅とは逆に桜の春は早く訪れた。四月一日、城址公園は桜花爛漫。内外から繰り出した花見客は史上空前の賑わいをもたらした。誰しもが日本人に生まれて本当に良かった、小田原は何と素敵なまちだ、と心の底から思ったことだろう。

市内に桜の名所は多いが、横綱格と言えば「長興山《ちょうこうざん》のしだれ桜」である。近い将来、城址公園とこの長興山の桜をメインに城下町小田原の「桜物語」を構想してみたい。桜の木の成長は早い。やがては早咲きの寒緋桜から始まって、遅咲きの八重桜まで街中《まちじゅう》に桜花咲き乱れる光景を夢みるのである。

桜が散り始める頃、市役所前の雑木林はいつの間にか萌黄色に包まれる。爽やかな風、みずみずしい下生え。市長に就任して直ぐにコンクリートのタタキが延々と広がった庁舎前広場を雑木林に変えた。自然や緑を大切にする市の姿勢を何とかしてアピールしたいと願ったからだ。今では周囲の景観にすっかり溶け込んで四季の移ろいを身近に体感できる格好の舞台となっている。

同じ頃、隣りのけやき通りも柔らかい緑が目立つようになる。十数年前の開通時は頼りない若木の街路樹だったが、今や堂々の成木で、この通り筋に一種の風格すら漂わせ始めている。淡い若草色のふくらみが日一日と樹容を大きくし、少しずつ緑を濃くしていく。同じ木でも梢ごとにその色あいが異なる。初夏の陽ざしの中で枝々を揺らしながら、日々微妙に変容していく欅の美しさはたとえようもない。この時期のけやき通りを歩く楽しさは極上である。

続いて藤、ツツジ、花菖蒲、紫陽花…、そして紅葉と小田原のまちは装いを新たにする。折々の花や緑の生気に心一杯満たされながら、まちづくりに邁進する私である。

（二〇〇六・六・一）

山よし海よし天気よし

表題は明治三十四年、小田原へ移り住んだ作家、齋藤緑雨が幸徳秋水へ出した手紙の中で当地を評した言葉で、まさに言い得て妙である。

気候温順は日本一、小田原人なら誰でもそのくらいに思っている。台風が上陸するらしいと身構えていても滅多に来ない。雪もたまにちらちら来ても積ったことなぞ近年見たこともない。豪雨禍も少なく、市内河川が溢水寸前にまで至ることはままあるが、箱根のお山の集中豪雨の影響によるものがほとんどである。例を挙げればキリが無いが、何故なのかは学者でも無い私にはよく判らない。あえて言えば、この地域の特異な地勢のお蔭、と思えることぐらいであろうか。

足柄平野に立てば、真ん中を流れる酒匂川は日本でも最も安定した流量を誇り、その伏流水は平野全体を常にうるおしている。周囲の箱根外輪山や大磯丘陵等は、外部の厳しい気象から平野を守る盾となっている。外に青々と拡がる小田原の海は、驚くべき要素を秘めている。汀から千五百メートルを超える深海底まで一気に落ち込むが、この因をなす海底断裂、相模トラフは地殻を切り裂き足柄平野にまで達して、フィリピン海プレートが本州側の北米プレートの下に刻々と引きずり込まれているプレート境界線である。この特異な湾内

小田原の海　よく晴れた日には大島が望める。小田原城天守閣からの眺望。

の沿岸部には暖流が、深場には寒流が巡り、その外では遥か北極圏で発生した冷水塊が深海流となり何と延々二千年の時を経て浮上しているという。目の前にある地球の営みの凄まじさに驚くというより、むしろロマンさえ感じる。

「山よし海よし天気よし」（地震だけが心配…）が足柄平野に関わるこのような特別な地勢や自然環境によるということは、多分間違いの無いところだろう。

こうして明治期より多くの貴顕や文人墨客に愛された我が城下町であるが、気候温順なるが故の悪評もある。安寧すぎて人や企業が育たない。闘争心をなえさせるまちだ。なべて臆病で退嬰的、横並び意識が強い、等色々である。

しかし水がきれいで、空気が澄んで、食べるものは皆新鮮でおいしい、その上暑さ寒さもしのぎやすい、暮らしやすい、更に風光明媚、交通至便となると天下無敵のまちのようであるが、そうは問屋が卸さないところがまちづくりに専心する私のぜいたくな（?）悩みである。

（二〇〇六・九・一）

三　夢をかたちに──政策雑感

「きらめき」考

本市の総合計画「おだわら21プラン」の後期基本計画のメインテーマを「きらめく城下町・小田原の創造」とすることにした。

異論はあるにしても「城下町」をまちづくりの柱とすることに確信を持てたが、問題はその上の言葉である。しっとりと落ち着いたまち、という城下町の持つイメージだけでは、私の目指すいきいきと精彩を放つまちの姿にはほど遠い。前向き、明るい前途を予感させるような、それでいて分りやすいフレーズを、と考え続けた。

〝きらきら輝く〟と〝きらめく〟のどちらかに決めることにして何人かの意見も聞いたが、

迷った挙げ句、「きらめく城下町」を選択した。何と行っても語感が良く、素直にストンと心に入って行くのではという理由からである。

辞書を調べると、「煌《きらめ》く」は、きらきらと光り輝く、飾り立てる等の意の他にも、盛んにもてなす、歓待すること、ともある。

〝城下町〟の語に退嬰的、排他的な響きを感ずる向きもあるというが、人、物、文化、情報の集散地だったことも忘れてはならない。

未来に向かって常に繁栄し続け、かつ多彩な表情のあるまちを、そして多くの人々が集うあたたかなまちを新たに創り上げたい、そんな決意を込めて、新世紀へ向かうまちづくりのメインテーマを「きらめく城下町・小田原の創造」としたのである。

（一九九三・五・一五）

私にとっての大震災

正月早々の阪神大震災のニュースを戦慄を覚えつつ聞いた。時々刻々と明らかになる被災地の惨状に、かねてより懸念されている「小田原地震」を想起し、人ごととは思えなかった。

市民の生命と財産を守ることは、行政の最大最高の責務、使命である、と市長就任以来二年余にわたって行政の対応と市民の自主防災体制の充実強化を推進してきた私は、発災直後に本市の災害対策本部長の重責を担うという強い自覚が常に脳裏に沈殿していて、まさに我が事であったのである。

あふれんばかりに氾濫《はんらん》する情報から、嘆き悲しむ、或いは雄々しいまでにエネルギッシュな被災者の表情や、火災の中からの救助や脱出の生々しいエピソード、そして科学と技術の粋をこらした建造物がガレキと化した無機質な風景が強く印象に残った。人が造った物は簡単に崩壊した。人間はもろい存在と思っていたが本当に強い。たくましいまでに人は生きている。

人と人とのつながりは時間がかかり、コストもかかる。濃《こま》やかな人情の通い合う地域社会は、我が城下町の特質のはずであるが、いつの間にか稀薄になってきているように思える。

そこで環境保全関係の諸条例が施行されるこの四月から、広範な市民協力を得て、市内の〝お掃除運動〟や〝あいさつ運動〟が展開される。ほうきを持って、お互いに家の前を清掃しながら、あいさつを交わし合う。そんな日々のあたたかい交流の中から、支え合い、助け合う善隣社会が再生したら、との願いからである。

今回の大震災で人々は多くの教訓を得た。当たり前のことだが私達にとって平和と安寧が如何《いか》に貴重で大切なものか、或いは、人は一人では生きていけないという社会生活の原理のようなものについてである。

日が経つにつれ、被災自治体や、国、県の初動対応の遅延や不備に厳しい批判が起きている。即応体勢や危機管理等、他山の石として今後の本市防災に誤りなきよう万全を期さなければ、という思いしきりである。

（一九九五・二・一五）

環境元年

法律や県条例ではフォローしきれない法のスキ間を補ったり、地域特性を盛りこんで、まさにギリギリのところまで市民や先端行政の視点からきめ細かく詰めた、そう自負している本市独自の新環境諸条例が誕生した。

そこで、平成七年度を、小田原市の「環境元年」と定め、さまざまな施策を強力に展開する。小さな一地方自治体であっても、理想を高く掲げ、地球全体の環境や自然を守るために、足元から着実な努力をしようということである。

三年前に市長に就任して直《す》ぐに、庁内に環境部と防災部を新設した。これからのコミュニティーづくり、特に小田原では、環境や地震防災といった、従来にない新しいまちづくりの視点や要素が必ず求められると確信していたからである。

人は生きるということだけで酸素を消費し、炭酸ガスを排出し、飲食し排泄《せつ》する。生活排水、車の排ガス、挙げ句は豊かさの基盤整備ということで山を削り海を埋める。環境破壊の例をあげればキリが無い。

今を生きる私たちは、科学や近代文明の恩恵を享受し得る権利を等しく有する。しかし、その権利行使の総和が、確実に地球環境の汚染や自然の破壊につながる。

被害者と加害者の境界線がひどくあいまいになっている、というより、むしろある面で誰しもがその両面を併せ持っているという事実を、もう一度私たちは厳しく受け止めなければならない。

ここに環境問題に立ち向かっていくためのネックも難しさもあるのである。

今や社会、経済、文化から、日々のたたずまいまで、すべての人間の行動を環境順応型に切り替えていくことが求められている。地球をこれ以上傷つけないで次世代に引き継いでいくには、行政はもとより、私たち一人ひとりも日常の中で何ができるかを考える必要がある。

小さなことでいい。何かひとつできることから始めてみよう。そんな呼びかけの輪が確実に拡がって、小田原を大切に考える人がますます増えていく、そんな「環境元年」でありたいと心から願っている。

（一九九五・四・一五）

私見？・小田原評定

小田原人として気になる言葉に〝小田原評定〟がある。この解釈に多少の異論がある。後北条の最高意志決定機関として「評定衆」なるものがおかれ、強引なトップダウンでなく全体の合意を重んじて、有力家臣団を巧妙にまとめ上げて行く戦国大名の知恵の所産、という論である。

いわば民主政治の初歩的形態が既にこの時代、わが小田原に根づいていて、これを民主主義の先達というプラスイメージの言葉として受け止めた、地元の私達からすれば、誇らしい後北条研究者の考え方である。これに加えるに、機会あるごとに私が論じている独断的私見がある。

初代早雲公以来、北条氏の民政への手厚さはつとに有名であるが、その基本は城衆と領民の気持ちを一体とする領国経営にある。象徴的な形の一つとして大坂城や後の江戸城に匹敵する規模の巨大な大外郭が小田原にある。北条氏はこの中に町人や一部農民までとり込み、籠城戦の時の武器、兵糧確保のことまで考えていた。

籠城か出撃か、或いは徹底抗戦か開城か、〝小田原評定〟が揺れ続けた中で、その戦略決定に大きな影響を与えた要素が、北条氏の家訓ともいえる領民への配慮、特に苛烈な戦火にこの大外郭内の民衆を巻き込むことへのためらいにあったのではないか。軍議が延々と紛糾した大きな要因の一つがここにあったのではなかろうか。

〝小田原評定〟は、戦国大名として特筆されるべき後北条の民衆への深い慈しみ、やさしさの象徴と受け止めたい、小田原人としての私の願望を込めた独断的解釈である。しかしこれも見方を変えれば、五代氏直のリーダーシップ、決断力の無さとも思われ、私としても気分が悪いのだが……。


（一九九六・五・一五）

小田原城大外郭（八幡山） 周囲９㎞に及び、戦国期には日本最大の規模を誇った。

世界遺産・法隆寺と小田原

昨夏、法隆寺のお坊さんが突然本市に見えられた。三年前に世界最古の木造建築物として我が国初の世界文化遺産に法隆寺が登録された。そこで盛大な記念式典を開催したい。ついては〝ご縁〟のある小田原市の市長をお招きしたい、とのことであった。

〝ご縁〟の内容とはこうである。聖徳太子が法隆寺を建立したのが今から千三百九十年前。そして『法隆寺資財帳』なる古文書によれば、今を去る千二百五十年前、当時の聖武天皇から法隆寺へ与えられた全国各地の寺領、封戸の中に「相模国足下郡倭戸郷、五十戸」なる記載があり、この足下倭戸郷とは小田原市内（飯泉か鴨宮あたり？）に所在したこと明白というのである。

万難を排して奈良へ出掛けた私は、シンポジウムで、「小田原は今〝小さな世界都市〟たるべく努力を始めた。そのスタートで、民族の心のふるさとともいえる世界遺産・法隆寺や聖徳太子との繋がりは、我がまちの名誉であり大きな財産。今後共親しいお付き合いを」とごあいさつ。私の熱いラブコールに高田良信管長も力強い握手で応えてくれた。

周囲の鄙びた、しかし奥床しい雰囲気が何とも言えず大好きで、学生時代から幾度となく訪れた法隆寺界隈。それが今回は特別な意味を持つ客として招かれ、管長や地元斑鳩町長から古い文物を大切にし、それらを踏まえたまちづくりの未来への限りない情熱や夢を吐露され、深い感銘を覚えた。

小田原は北条早雲の入城以来、五百年余の歴史を持つ城下町である。しかし法隆寺の例だけではなく、この他にも市内にあるさまざまな由来等を辿ると、今より遡ること千数百年程前には既に市内のあちこちに集落が散在し、足柄古道を通じて都と或いは東国との人やモノや情報が集散する拠点ともなっていた。あえて言えば我がまちは、「千年都市・千年文化都市」と称しても間違いないのである。

多様化社会の中で、市民の心が何となくバラバラになりがちな今、まちや市民の一体感を醸成するのに、歴史や文化を通じてふるさとへの誇りと愛着を培うことの大切さを改めて感じさせられた奈良行きであった。

（一九九七・二・一五）

全国市長会視察　欧州地方事情

先月、全国市長会欧州都市行政調査団二十数名の副団長として、英、独、仏等を駆け足で訪問した。

各国の地方自治体や高齢者福祉施設等の訪問を通じて、それぞれの歴史に培われた自治体の行財政システム、福祉、環境、都市計画等の諸課題を、我が国や本市と比較しながら精力的に視察した。

欧州と一口に言っても国の成り立ちや自治制度、民族、言語、文化も違う。英、独は国に対して地方の力が割合強いが、仏は中央集権的である。共通していることは、何処も長期政権の歪みが近年急速に深まり、政権交代や変革の事態にあるということである。特に国と地方を巡る関わりについては、ここ数年激変というにふさわしい状況で我が国とはまた違った事情で大きくゆれ動いている。

一九九二年、オランダで締結されたマーストリヒト条約により、ヨーロッパ統合への道筋が決められた。特にこの中で各国政府の頭の痛い宿題となったのが、財政健全化という共通目標である。一九九九年に予定されている欧州経済通貨統合に参画するためには、国、地方を合わせた財政赤字の対GNP比が三%以内という大層厳しい条件が付されたのである。

各国とも当然のことのように、様々な形で地方への締めつけを強め、旧来の税制や財政、福祉システム等に大ナタを振った。結果的に政府と地方自治体や国民との軋轢が生じて政権交代等にも繋がってきている。こうした背景のEU統合という新しい局面が一層各国政府や国民を苦境に追い込んでいるようにも思えた。

私達が全ての面でお手本と定め、後を習ってやってきた筈の優れた諸制度、ひいては人々のモラルや伝統ある文化すらもが崩れ始め、脱皮を模索している。まさにその大きなうねりの時に欧州主要各国を訪れ、ナマの国や地方、人々のうめきを聞いた。

我が国が戦後短期間で必死に育ててきた地方自治を始めとする諸システムは、是正すべき点は多々あるにしても大筋で間違っていないと思えたし、欧州にもそれほど劣らないレベルに近付いている。

改めて直接言葉を交し五感で接した異国の地で、日本や日本人が本来保持している精神性や、文化への私自身の熱い想いも再認識させられた。

（一九九七・一一・一五）

春よ来い!!

「春っていったいいつ来るんだろう?」サラリーマンも、主婦も中小企業者もみんな悲痛な想いでそう思っている。実は恥かしながら私が一番かも知れない。平成三年四月、膨脹しきったバブルがはじけた。第十六代小田原市長として私が就任したのが翌平成四年五月。既に景気の急落と共に日本経済はやがて毒牙をむき出す黒いかたまりを内在させながら、既に地獄の淵をころげ始めていた。本市財政もその埒外でなく、連動して不安定さを増した。喫緊の課題が山積する中で、市税収入は横バイ同然、市民ニーズは多種多様、増大の一途をたどっている。浅ましいもので、厳しくなればなるほど過去が良く思える。誰もが景気が良くて懐もあたたかく、いつもニコニコできて、何事も穏やかで豊かだった時代。市役所としても潤沢に増え続ける税収で、あらゆる市民ニーズに容易に応えられた時代。まるで夢のような時代であった。こう考えるとバブル後に地方自治体の首長に就任した私達は、或る意味で〝悲劇の首長〟のように思える。七年目を迎えた市長生活の来し方を思い起してみると、金融、経済を始めとして全てがギスギスしてみえる不遇の時に遭遇した私は実際〝悲劇の市長〟である。一体この国は何処へ行ってしまうのか、国の将来に対する不安まで抱えながら、〝バブル後首長〟達は同じ思いで叫ぶ。「春はまだか……！」。

しかし、どっこい私はこんなことではへこたれない。「それでも小田原はまだまだ恵まれている。下を見ればキリが無い。もう少しの我慢だ。厳しい冬が過ぎればもうすぐそこは春じゃないか」。歯ぎしりをしながら、春の訪れ、景気の回復を待ち、職員にも「情熱をもって知恵と汗を出そう」とハッパをかけ続ける。この変革期を逆に好機ととらえ、真に望ましいまちづくりとか、市政とか、市役所とかを再構築しよう。市民の側も従来のライフスタイルや価値観についてももう一度見つめ直していただけないだろうか、市民と行政との信頼関係をより強固なものにできたら、そして特に職員の意識改革には、絶好のチャンスかも知れない、等と思いを巡らせ率先行動する。「文句を言っても始まらない。春は必ず来る。望めば必ずかなえられる」。確信しつつ今私は力強く叫ぶ。「春よ来い！！！」。

（一九九八・八・一五）

事件の教訓

このところ、官民問わずあらゆる組織体に大いなる警鐘となる社会的大事件が続発している。

昨年の東海村の核燃料加工会社が起した臨界事故、そして現在進行形であるが、大手乳製品メーカーの戦後最大級、一万数千人に及ぶ集団食中毒事件の二つは、ともに国内最有力企業の技術力とモラルの低下が、社会にどれほど深刻な打撃と不安を与えるかを悲惨な形で証明した。そしてこの二つはその構図や事件処理の経過が驚くほど似ていて、企業の危機管理の最悪の事例となった。民間の事件とは言え、行政組織の長として私としても他人事ではなく、一連の顚末に最大限の関心を払ってきた。

企業の安全性についてのモラルハザード（倫理観の欠如）が起きている、企業のリスクマネージメント（危機管理）に欠如がある、従業員のモラル低下が目立つ、等々が等しく指摘され、社内の現状把握、情報伝達、意思疎通、認識の甘さ、トップリーダーの資質等、その対処のお粗末さ、機能喪失ぶりは目に余った。やること成すこと殆どが裏目に出て、結果的にその企業の存続を脅かすに至った悲劇的とも言える展開は、厳しい生存競争を闘っている多くの組織人達を慄然たらしめた筈である。

ところで、二十万市民の安心、安全、安寧の為に日夜不眠不休で活動する市行政、市役所という組織に課せられた責務の重さはあらためて言うまでもない。

組織は人なりと言う。事の大小にかかわらず、〝いざの時〟〝まさかの時〟の対応、市役所全体の危機管理体制、意識が常に問われる。人間社会の交わりの基盤のすべてを支えていると言っても過言でない市行政をお預かりさせていただいている身だけに、起きる筈のない、起きてはならない万が一の事態に、組織としていかに対応できるか、市長としての私自身がどう身を処すのか、或る部分四六時中気の休まるところはない。

非常時は「トップダウン」が危機管理の鉄則である。素早い対応が被害を最小限に喰い止める。事件の教訓は危機マニュアルの有無というような次元ではない。「トップダウン」で迅速に対応し、内外に説明能力を有する指導者が不可欠ということである。

多くの組織人、特にトップリーダー達は今回のこの社会をゆるがした二つの大事件に粛然と身を正した。私も、我が市行政は、市役所組織は、そして自身も本当に大丈夫か、と胸中密かに自問自答を繰り返している。

（二〇〇〇・八・一）

オゾンホール

悪魔が真っ黒い大きな口を開けて、今まさに地球や私達を呑みこもうとしている。

地球を取り巻く成層圏のオゾン濃度が極端に減少してしまう現象「オゾンホール」は、冷蔵庫やエアコンの冷媒として使用されているフロンガスが主たる原因とされ、人類や生態系に与える悪影響に近年大きな警鐘が鳴らされていることは、ご承知の通りである。

南極上空のオゾンホールが今年も大規模に発生し、過去最悪の状況になっていることが気象庁の観測から判明した。南極大陸上空では二十年ほど前から発生するようになり、今年九月にはなんと南極大陸全体の面積の倍以上に達したとのことである。

地球の環境や生態系を守り、恐ろしい皮膚ガンの発生源とも言われる紫外線から私たちを保護してくれる成層圏のオゾン層がでっかく破れて、まさに悪魔が暗黒の口を開けているのである。

多くの女性は美しい肌を保つには、まず太陽光線に含まれる紫外線を避けることが肝心、と意識しているが、それがシミや小ジワを防ぐ最大の対策であることがここ数年の皮膚医学の研究で解明されてきた。当然のこととして乳幼児や児童、生徒への対応策もきめ細かに配慮されなければならない厄介な現状である。

もともと肌の弱い体質である私も、昔気質の人には「軟弱者！」と叱られそうであるが、最近ではできるだけ直射日光を浴びないよう気を使っている。二の腕にすぐ湿疹のようなものができてしまうのである。

一昔前なら、子供も大人も燦々と降り注ぐ陽光のもと、元気一杯に身体を動かすことが健康に一番、と言われたものだが何という変わりようであろうか。

紫外線の増加によって角膜炎や白内障になる人も確実に増え、また、米・大豆等の重要な作物に影響がでることも懸念されている。オゾン層破壊の主原因とされる特定フロンはＵＮＥＰ（国連環境計画）の「モントリオール議定書」で一応、八七年に全廃が決まった。しかし、しかしである。廃止の効果が出るのは何と二十一世紀半ば以降と言われ、今を心配する私たちには大変厳しい。

「オゾンホール」の恐さを正しく認識し、まずはそれぞれが油断をしないでしっかりと対応を図りましょう、としか言いようがない。

スポーツの秋。紫外線を避けてばかりいては、かえって健康から遠ざかる。環境問題も頭に置きながらゆく秋を楽しみたい。

（二〇〇〇・一〇・一）

見ない夢は実現しない「スカイ圏構想」

世界地図の中の日本列島は、まるで美しく湾曲した勾玉のようである。この勾玉は、世界の庭園、ガーデンアイランズでもある。

県は、富士箱根伊豆に跨がる山梨、静岡、神奈川三県の新たなる交流圏の形成を目途に、観光を軸とする広域連繋を模索し、既に三県と関係三十三市町村による「交流圏サミット」も二回目を数えた。今年一月、三県の知事も出席した熱海サミットで、私が提唱した「SKY圏構想」は、静岡県石川知事の「このサミットの名称を、いっそ『スカイ・サミット』としたらどうか」という発言に象徴されるように、大きな賛同の拍手で承認され推進されることとなった。SKY圏とは、静岡（S）、神奈川（K）、山梨（Y）圏、言い換えれば富士箱根伊豆圏域のことである。

この圏域は首都圏と中部圏の圏際、狭間にあって、戦後の高度成長期、経済一辺倒、東京一極集中の国土づくりの過程の中で、「あそこは大都市圏の奥座敷。観光振興を中心にそこそこの整備をすれば良い」。独断かつ偏見かも知れないが、そんなことで国の主要な政策展開の埒外に置かれてきたように思う。

新しい世紀を迎え、今や旧来の国づくりやまちづくりの理念、手法も当然のこととして変革を余儀なくされている。ましてや「癒しの世紀」「自然と環境の時代」と言われる今、従来型の大都市圏重視、ハード主体の国土形成のあり方や発想が許されるべくも無い。

富士山を囲む広域都市群、伊豆半島の市町村、箱根を支える都市圏域。時の光の外にありながら国立公園の内部や外縁部にあってひたすらこれを守り、育くんできた三県や関係市町村が、今それぞれ環状都市群を結成し、連繋を深めることは時代の必然であろう。単に観光交流を推進するというレベルを脱し、環境も防災も、文化、産業、基盤整備も連繋する。更にそれぞれの環状都市群が都市廻廊として連環、協働する。そしてこれら地方都市連合の主導により、「都市再生」「自然共生」をテーマに新世紀の国土づくりの中に「スカイ圏構想」をしっかりと位置づけ、真の日本のガーデンアイランズの実現を期すのだ。秘めたる可能性の巨大さ、突出した魅力。この広大なエリアを「スカイ圏」として結晶させることができれば、そのスーパーパワーは図り知れない。

「見ない夢は実現しない」。私の信条である。夢を現実にすべく情熱を傾け、汗を流す。一歩一歩着実に。新世紀が私に与えた大仕事「スカイ圏構想」である。（二〇〇二・四・一）

中心市街地問題

本市まちづくりの最大の課題の一つに中心市街地活性化がある。全国の地方都市どこを見ても中心市街地の空洞化は著しく、一種の社会問題となっている。別格は東京都心部。世界や日本中の富を集めてますます精彩を放っている。地方の時代と言われながら、地域経済の面では全く逆行現象が起きている。長期低迷の経済、少子高齢社会、情報化、国際化等、現下の諸状勢も加わって弱肉強食が進み、全国的にも地方圏に於いても一極集中を加速させている。

本市の中心市街地問題も東京、横浜への消費の流出、川東（酒匂川以東）地域での郊外型大規模店の展開も一因となって顕在化している。城下町小田原の歴史や文化を次代に繋ぐ縁《よすが》としても、中心市街地の活性化が急務となっている。厳しい財政環境の中で、国道一号線の無電柱化、お堀端通りや旧電車通りの整備、ＴＭＯ（民間街づくり機関）への支援、街かど博物館、小田原宿なりわい交流館、花の小田原城事業等々、多くの施策、予算を数年来この課題に集中的に投入して来た。特に小田原駅周辺を首都圏や県西の広域交流拠点と位置づけ、国や県と連繋しつつ中心市街地活性化のシンボル的事業として、市民の永年

中心市街地活性化推進本部の会議で　2002年9月

の悲願であった「小田原駅東西自由連絡通路」の建設を強力に推進してきた。

こうした行政のハード・ソフト併せた最大限の努力にも拘わらず、残念だが中心部の地価の下落、地下街の窮状、空き店舗の拡大と、その疲弊は止まる様子を見せない。

さらに市内には十八もの駅があり、それぞれを結ぶ幹線道路沿いに四十もの商店街があって、何処も同様の深刻な状況にある。小田原駅周辺だけが本市の商業課題ではないのである。

そこで市あげてこの難局に対処する為に、来春の自由通路仮オープンを活性化の反曲点ととらえ、過日「市中心市街地活性化推進本部」を立ち上げ、私自身が本部長に就任した。こういう時世なので巨額な経費の掛かることは出来ないが、即効性のある事業をきめ細かく速やかに展開して、やる気のある商業者を応援したい、城下町小田原の再活性化を成し遂げたいと決意している。

地域の「にぎわい」なくしては、城下町の風情を守ることも、家族や一人一人の将来の幸福を支えることも不可能なのではないかと考えている。

（二〇〇二・一二・一）

梅サミット

二月初旬、和歌山県田辺市で開かれた「第八回全国梅サミット」に出かけた。梅の名所、産地として名を知られた全国の十三市町村が、産業、文化、観光交流を目途に毎年参加している。

生産梅林を主とした田辺、南部川、小田原、観梅を主とした水戸、人吉、熱海、湯河原、青梅等であるが、各地なりの悩みや課題も抱え、その特性や売り出し戦略もさまざまで、ついでに言えば首長の個性もそれぞれ際立っていて面白い。（私もかな？）

当日も一人三分のお国自慢スピーチでテーマに全く関係なく得意の雑学をとうとうと披露し続けた豪の者や、「お国」でなくて「自分」自慢を二十分もしゃべったりする名物首長もいたりで、スケジュールが大幅に遅れて会場関係者が大あわての一幕もあった。付き合いが長くなっているせいもあって、首長同士の親密度は他のサミットでは見られないほど強く、交流会場の雰囲気もひと際和やかで、時に爆笑に包まれる。

しかし地場産業の売り込みや歓談、交流を通して、「地産地消」への各地の想いの熱さを推し量ったり、他自治体の事業、施策、商品等をお互いに「盗む」こともサミット出席者の眼目の一つだけに、和気あいあいの中でも各首長の目は決して油断していない。

現地視察では、田辺梅林の規模の大きさと山あいの険しい地形の急傾斜地をひたすら上へ上へと伸びている梅林を見て、こんなに厳しい環境の中で国内有数の収益をあげ続けている田辺の梅生産農家の皆さんの、家業としての仕事への覚悟というか農家魂みたいなものが伝わってきて心を打たれた。競争相手としての紀州梅の手強さに想いを新たにすると同時に、対比して平坦な地形と穏やかな気候風土、交通の至便性、大消費圏に近接している地の利等々、段違いに恵まれた環境の本市梅産業の有利性を、どう生かして田辺に負けない小田原梅としてその名を高からしめていけるか、目の前に大きな宿題を与えられたような気がしたものである。

お山の大将ではいけない、百聞は一見に如かず。常に知識を広く外に求める大切さを全国サミットはいつも教えてくれる。

来年春の第九回全国梅サミットは本市で開催される。乞うご期待である。

（二〇〇三・三・一）

成田エクスプレス

今年十二月から「成田エクスプレスが小田原に！」。突然のように飛び込んできた朗報である。

小田原駅は首都圏の西の玄関、かつ世界のリゾート富士箱根伊豆国立公園の東の玄関、と枢要な役割を担う広域交流拠点駅である。そこで、十年も前から新幹線ひかり号の増停車の実現をと、商工会議所、自治会総連合等や近隣市町の皆さんと共に、JR東海へ毎年息長く陳情、要請を繰り返してきた。

昨年十月、苦労の甲斐あって品川新駅開設と同時に上り下り各三本、計六本の増停車を勝ち取ることができた。隣の熱海駅はゼロ回答だったのに、である。

それがこの十月十六日から「湘南新宿ライン」が大増発。それも新宿～小田原間最速七十一分の電車が一時間に一本実現、というおみやげまでいただいた。これに対抗する形でJRと競合する小田急も、小田原～新宿間に快速急行を走らせ、従来より十分早い八十二分にするという本市にとっていわば余禄まであった。

現在大船始発の成田エクスプレスを何とか小田原まで、という発想も、世界のヒルトンホテルの本市進出があって、さあ、小田原情報の発信を地球規模で、という私自身の思い入れもあるのだが、何よりも小田原駅東西自由連絡通路アークロードの完成、という県西広域エリアにとってエポックメーキングな出来事をより大きくふくらませたい、という私達関係者の切なる願いもあったのである。

成田国際空港へ二時間半。とりあえずは一日一往復であるが、小田原の夢と希望を世界へ繋げる端緒にはなるだろう。「交通至便」は本市の特質だが、更に磨きをかけるべく、こうした長い間の多くの関係者の真摯で着実な努力があるのである。

羽田空港の国際化と神奈川口構想も言われ始めた。鉄道も道路も冷たい鉄とコンクリートだが、小田原の発展を願う熱い想いをストレートにそして脈々と伝えてくれる、そんな確信を持ちながら、また新たなる目標へ向かって私はひたすら突っ走る。

（二〇〇四・一一・一）

辛いリーダー

先日、ある投稿川柳欄に自治会長をしてみて初めて総理の気持ちが分ったという意味の句が載っていた。思わずにやりとしながら何で総理？ そこは市長じゃないの、とも思った。

全てが一昔前とは様変わりして自治会長さん方の仕事も年々きつくなっている。隣近所の付き合いも希薄になって、自治会に入らない人も少しずつ増えてきている。近所には世話にならない、なりたくない。自治会費は無駄だという。他人を思いやったり、何かでお互いが協力し合ったりする余裕すら無くしている人も多い。

狭い地域社会の中では、意見の対立は先鋭になり利害も分れがちである。小さなもめ事ひとつをまとめるだけでも幾夜も費やす。自身の貴重な時間を割いてまで諸役を引き受けて下さっている方は嫌になってしまうだろう。安心安全が地域の大きな課題で、今ほど隣近所の助け合いが必要な時はないのにと思う。残念な事だ。

「自治会長をやって初めて分った」、それも思いがいきなり総理のレベルにまで飛んでしまっているところに詠み手の実感が痛いほど伝わってくる。そして私から言えば、もっと身近な「市長の気持ち」も分ってよ、なのである。

不景気続きの中で、どこもかしこもイライラギスギス社会。昔なら笑って済むような事でも上手く収まらず、つい大事になる。総論賛成各論反対の何と多いことか。大きな案件ほど、賛成が半分なら反対も半分いて当り前、と常に心を引き締めているのだが、モノ言えば唇寒し、なのか賛成の人はなかなか声を大きくして下さらない。

こんな中で重要な判断を迫られる市長の思いも分って欲しい、とつい甘えて思ってしまったのである。

自治会長や市長や総理だけでなく、今の時代どんな小さなグループの責任者も、企業の社長も、どこのリーダーも程度の差こそあれみんな辛い思いの中にいる。ストレスもためている。幸せ一杯でヌクヌクと気楽にやっているリーダーなぞどこにもいやしない。厳しい時代である。

辛いと愚痴をこぼしている句と受け止めたのではない。「でもオレはやってる！」と秘めたる闘志が心に響いてくるようなこの秀逸な川柳に共感を覚え、つい、にやりとしたのである。

（二〇〇五・四・一）

姉妹都市提携二十五周年
チュラビスタ市公式訪問とシアトル市視察記

十月下旬、本市の姉妹都市米国チュラビスタ市との提携二十五周年記念の公式訪問をした。原義明海外市民交流会会長を団長とする三十一名の市民団、下村英之市議会議長等の大訪問団である。

私にとっては五年ぶり四度目のチュラビスタであるが、その変貌ぶりには毎度驚かされる。特に今回はその急成長に「アメリカン・ドリーム」の都市版と、一種羨望《せんぼう》の想いを禁じ得なかった。かつてフォークダンスに興じ交歓した想い出の場所、オータイ牧場も一体どこにあったのか皆目見当もつかない。

姉妹都市チュラビスタ市の市庁舎前で　2006年10月

東部地区の丘陵地一帯は殆《ほと》んど開発され、広大な新興住宅団地や一大ショッピングモールと化していた。温暖で眺望に優れたこのエリア一帯は宅地造成すれば即完売の人気ぶりで、チュラビスタ市は全米でも何と七番目の成長率という。「今迄はみんな隣のサンディエゴへ買い物に行っていた。これからは逆だ」。何人かから異口同音に出た「夢が語れるまち」との言葉に、発展への強い確信と誇りが伝わってきた。十数年前に初めて訪問した時には僅か数万人の人口が現在では二十二万五千人という。しかし急激に発展する新興東部地区と比べて西部オールドタウンの衰退、当然の帰結としての両地区の都市基盤格差、砂漠丘陵地を開発しただけに生活用水はもとより緑化維持の水源の永続的確保という難しい課題、新旧住民の融和、等々市民の不満や不安の芽も各所に出始めているという正直な話も伺った。

昨年新装なった格調高い市庁舎、そして市警察、消防、図書館等まで市民訪問団の皆さんと一緒にしっかりと視察させていただいた。

二十五周年記念交歓会には、二期目の選挙を目前にして熾烈な戦いの真っ最中のパディラ市長やチャベス議員等も参加され、記念ペナントの交換式も無事すますことができた。両市で百数十名に及ぶ大歓迎宴が賑やかに繰り広げられ、我が市民訪問団の皆さんもそれぞれ友好親善の実をあげておられた。

現地の国際親善委員会や小田原の友の会の皆さんの温かい心のこもった接遇に、四半世紀に及ぶ先人達の交流の蓄積のおかげと大いなる感謝の念を覚えた。チュラビスタ市とのご縁をこれからも長く太く紡いでいかなければならないと改めて強く感じさせられた。

余談だが帰国後すぐに、パディラ市長、チャベス議員の両現職が落選、一方、小田原の友の会のテリー・トーマス会長が南湾灌漑区域管理官選挙で圧勝との嬉しい報にも接し、複雑な心境であった。

☆　☆　☆

訪問団一行と別れて帰路、下村議長とシアトル市を視察した。十数年前からシアトル市の土地や都市景観政策に関心を持っていた私にとって念願の訪問であった。

自然環境に恵まれ、〝エメラルド・シティー〟とも称されるシアトルはまさに紅葉の始まりであった。シアトル発祥の地一帯の歴史的建造物保存地区に象徴される落ち着いた街並みが私達を温かく迎えてくれた。

環境に配慮したと自慢の新市庁舎では、オルトン国際交流局主席専門員が待っていてくれた。市の概要説明を受けた後、ニッケルズ市長との会談に移った。都市経営の苦心談から景観、教育、家族愛の話に至るまでの幅広い意見交換の中で、特に環境問題への市長の強い想い入れが印象に残った。地球温暖化防止の為の京都議定書に批准しない連邦政府を非難し、市長のリーダーシップで全米市長会議に呼びかけ、既に三二四市長が批准に賛成し、その人口は五三〇〇万人にもなるということだった。政治家としての迫力、家庭人としての素顔まで垣間見せてくれた市長との貴重な一刻であった。

都市開発局のスギムラ局長との意見交換は、都市計画や景観行政についての実際的で有意義な場となった。国や州政府の法律や基準の上に特に市としてのより強力な規制やそれを具現化する為の支援措置等について力説された。環境に優しい建築物（特に公共施設）への誘導策、ダウンタウンの公共空間のゾーニング、歴史保全条例に基づく諸施策、特に耐震性や景観阻害で現在大きな問題になっているアラスカンウェイ高架橋の改築とそれに連動するウォーターフロントプラン等々と、これら諸課題を推進する行政システムや市民参加等多岐にわたる盛り沢山の意見交換に時の経つのも忘れた。

景観保全や都市再開発の現地視察の後、市の美化のシンボルの壮大な市立図書館、ワシントン湖と海との八メートルもの水位差を調節し船舶の往来を可能としたチッテンデン水門等を視察した。

☆　☆　☆

今回の姉妹都市交流やシアトル市視察を通じて、まちを愛し誇りに思い、献身している多くの行政関係者や市民の皆さんと出逢うことができた。貴重な経験と成果を今後に生かして行きたい。

（二〇〇六・一二・一）

北条五代の理想と改革

「大将によらず、諸侍までも義を専らに守るべし。義に違いては、たとい一国二国切取りたりというとも、後代の恥辱いかがは、天運尽きはて滅亡を致すとも義理違へまじきと心得なば、末世にうしろ指をささるる恥辱は在るまじく候、……」

小田原北条二代氏綱が病の床で三代氏康に遺したとされる置文の冒頭の一節である。権謀術数の限りを尽くし、切り取り勝手、下剋上の戦国の世に、「義」の為には家を断絶させても以って瞑すべし、とまで言っている。何と見事な理想主義か、何と誇り高いことよ、と肌が粟立つような思いにとらわれた。

北条氏は早雲以来代々学問を大切にし、民を慈しんだ。特に礼法の家として名だたる伊勢氏の分れ、備中伊勢氏の嫡流としての素養が、伝統や権威、天皇を尊崇する思想、即ち秩序を守り節目を通す、義を至上のものとする北条氏の行動理念として昇華されて行ったと思われる。そしてこれらが基本的理念・倫理として五代の家中統制や領国経営の基盤として脈々と受け継がれたのである。

善政という面で象徴的であるが、税制の「四公六民」は前にも後の江戸時代にも例はない。「印判状奉者」はあの「虎朱印」で有名な虎印判状の調製・発行に携わる職であるが、北条氏という戦国大々名の意志を村々や領民に何と直接繋いだのである。世に名高い「小田原評定衆」は重臣の合議体として訴訟の審理、判決は勿論、政治や立法や軍議まで評定し、主君の決断を補佐した。衆知を集めた統治機構として非常に優れた制度であった。北条氏は織田信長と違う意味で、乱世の中、理想を追求した、いわば改革者であったとも言える。

信玄は父を追放し、謙信は兄を隠居に追い込み、義元は兄を殺害、と殺伐たる時代に北条氏は五代百年もの長きにわたって兄弟の争いや一族の内紛を生じなかった。歴代の当主は早くから家督を譲り、後見人として一族・家中の意思統一を図った。次代をスムーズに育てるシステムが確立されていたのである。

「神仏を敬し、義を尊び、文武の志高く、一族相和し、領民を慈しむ。立派すぎて逆に面白味に欠けるとも言えますね。何か良いシナリオが欲しいですね」。過日、北条早雲の大河ドラマ化を陳情した際に、ＮＨＫ橋本会長の漏らした言葉である。（二〇〇七・六・一）

街路樹

「城下町なのに街中に緑が少ないですね」。十年ほど前からたまに私の耳に入る、主として市外の人の批判である。本市外縁部の山並みは懐深く、緑濃いが、しかし、市街地の緑の少なさは言われるまでも無い。景観や環境に意を用いてきた私としても不本意である。

そうは言っても少子高齢社会が急激に進む中で、公園や緑への予算増はなかなか難しい。そこで私は、意識して緑や水を大切にする象徴的な施策を推進した。手始めに市役所広場の雑木林化や排水路の蓋がけ抑制策を講じ、同時に議会で「街路樹のない主要幹線道路は原則造らない」と宣言。更に街路樹の樹形や樹容にまで目配りをすることにした。街路樹の拡充整備が最も即応的で効果的だと考えたからである。

「街路樹は管理する為にあるのではない。街のアメニティーを向上させるためだ。丸坊主はダメ！」私は市の担当者へ指示を繰り返した。実はこれが各面に波紋をもたらした。落葉が困る、ムクドリの糞《ふん》害だ、店の看板が見えなくなる、交通標識が見えない……。あちこちのブーイングに街の緑の大切さを訴えかけながら私なりの考えを貫いてきた。しかし何度言っても、枝をつめて傘をすぼめたようにしてしまう。現場はそれぞれの考え方や手ぐせで仕事をする、いわば感覚の世界なのである。受注業者へも、その先の実際に剪定《せんてい》や枝伐《えだき》りをする職人さん達へも市側の意志がなかなか正確に伝わらない。

業を煮やした私は、通り筋ごとの街路樹の剪定マニュアルを作るよう指示した。現在、街路ごとに目標樹形を定め、これに合わせた剪定等の作業を記録した樹歴簿を作成し管理することを検討中である。ようやく最近では市の技術職員の意識改革も少しずつ進んできた。樹は生きものである。緑の城下街づくりはことほど左様に難しい。現場の苦労も大きい。

国道や県道に至っては当然の如《ごと》く一層思うようにいかない。私は国の社会資本整備審議会の分科会専門委員を仰《おお》せつかったが、その場で、全国の街路樹の剪定や管理基準の制度化を提案した。細かいことのようだが、「街並みの美しい町づくり」の為に見逃せない視点である。これからも緑への配慮をきめ細かに進め、「緑したたる城下町おだわら」を着実に実現していきたい。

（二〇〇七・九・一）

城下町の熱き応援団

十年程前から各界で活躍する小田原ゆかりの著名人に、「城下町大使」をお願いし、小田原の宣伝とイメージアップに一役買っていただいている。

十七人の大使の皆さんとの交流は私の心の糧であるが、中でも声楽家の島田祐子さんには、数年前から教育委員もお願いし、会議や行事のたびに超多忙の中、東京からご自身が運転して来ていただいている。

大使の委嘱に初めてお宅にうかがったとき、どんなお話をしたらよいか、少し緊張した記憶がある。柔らかな笑顔で迎えられ、打ち解けて「城下町ホール」の建設や小田原ゆかりの北原白秋にちなんだ童謡コンクールのことなどについて語り合ったのを覚えている。

先日お会いしたとき、あの柔和なお顔を珍しく引き締められていた。「子どものうちから本物の舞台にふれさせたい。市内の小学四年生全員にミュージカルを鑑賞させる事業を新年度から是非実現して欲しい」との強談判である。

もとより私も子どもたちの教育には心血を注いできた自負もある。財政的には厳しいときではあるが、島田さんの情熱に打たれて、新年度予算に計上することとした。議会の承認をいただければ、小田原の小学四年生は、全員本物のミュージカルを見ることができる。島田さんの小田原を思う熱い心が、子どもたちの心にも響いてくれることを望みたい。

（二〇〇五・三・二五、日本経済新聞「交遊抄」から）

果てなき改革

十六年前、初当選した私は、まちをうごかすための原動力として、まず市役所内部の停滞した空気を一掃しようとした。何となく感じる冷たい目や鈍い反応に、二つの事を提唱して全庁的改革を目指した。悲壮な決意だった。

「市民が主役」では、非力な若い市長としては市民社会という「外圧」によって内部改革を推進するしかない、と思い定めた。小さな寄り合い、スポーツ大会、お祭り……。自身が職員の誰よりも市民の輪の中に入っていった。市民の不安や不満、喜びを身体全体で受けとめた。市長の発想や言葉は、確かに市民との触れ合いの中から生まれている、現場の声そのものだ。ようやく職員達にもそう認知されるようになって、少しずつ真剣に私の話に耳を傾けるようになった。

「風通しの良い職場づくり」では、昔ながらの上意下達の閉鎖体質に風穴を開けたいと思い、全八十数課の課長達に、一課一新、若手職員から部課長までが一緒にやれる何かを始めるよう指示した。早速、一部の課ではミーティングや朝礼、庁舎前の草刈、駅前のゴミ拾い、とさまざまなアクションが始まった。しかし、三ヶ月、六ヶ月と経過し、何回注意しても洞ヶ峠を決め込む課も沢山あった。業を煮やした私が、やらない理由を文章にして、課長本人が何日までに持参するように、と強く指示して、ようやく全課が動き始めるというていたらくだった。

この二つの事が次第に進んで、市役所内部の掌握に多少でも手応えを感じられるようになるのに、何と一年近くもかかった。「急がば廻れ」とはやる心を抑えながら、しかし若さにまかせてヤミクモに突き進んだ新人市長だった。

リーダーたる幹部職員の意識改革のために、若手職員に改革の旗を振らせたりもした。「情熱新市役所宣言」もここから生まれた。長い平成不況による厳しい財政環境の中で、行政改革の一環として職員数の段階的削減に踏み込み始めると、増え続ける多種多様な市民ニーズに対応するために、部局長と言えども、第一線に出て若手と一緒になって汗まみれ泥まみれにならざるを得なくなった。役所も自治の拠り所として都市経営や政策形成能力を問われるようになった。まさに市役所が変わり始めたのである。

十数年の時を経て、大いなる変身を遂げつつある小田原市役所が、市民の切なる願いや、未来への期待にどう応えて行けるのか。内部改革や挑戦は果てなく続くことだろう。ただ私としては、愛する市役所を去る日を目前に、激変する激しい時代に苦楽を共にして献身してくれた職員諸君に、心から、ご苦労様、ありがとう、と声を大にして言わせていただきたいし、何よりも至らない私達市役所を温かく御見守りいただき、厳しいご指導とご協力をいただいた市民の皆様に深い感謝を表したい。

（二〇〇八・五・一）

四　小田原気質――趣味・身辺雑記

趣　味

「趣味は？」と聞かれる、「読書」と当然のように答えることにしている。

大学を出るとすぐ独立、事業めいたもの興し、そのすぐあと、二十七歳で政治の道に入った私は、趣味とか道楽（政治こそそのものと言う人もいるが…）とかに全く縁遠い。口幅ったい言い方をすれば、「ワーカホリック（仕事中毒）」というやつであろうか。それでもたった一つ、これ、と気軽に言えるのが「読書」というわけである。

本に親しみ始めたのは、それこそ幼少のころよりである。手近にある本は片っ端から読み、あげくは小学生の身で、当時はやった貸本屋にまで通いつめた。深夜、電燈をつけると親にしかられるので、密かに隠し持った懐中電灯を使ったり、授業中に先生の話も聞かず、机の中に隠した本を、上蓋を少しあげてゴマかしながら、とにかく夢中で読みふけった。

今に至るもその伝で、寝る時は当然、少しでも時間があれば本を読む。

もちろん、乱読で、高尚な文学書や専門書は余り手にせず、山本周五郎や司馬遼太郎から、堺屋太一、梅原猛、レイモンド・チャンドラーその他いわゆる三文小説に至るまで、気の向くまま、一貫性も無いただの「本好き」なのである。

だから余り自慢のできる読書ではないのだが、あえて言えば、読むことによって、物の見方・考え方にはいろいろあるとか、人情の機微とか、自分の経験や勉強からだけでは限られる実践的な対応、さらには創造力や夢、希望、ロマン等に至るまで、知らず知らずのうちに考えてきたように思う。

今や情報化時代で、書物はあふれんばかりだが、テレビっ子世代は殆ど手にしないという。

やがては、「趣味はテレビ」と当然のごとく言う大人が出てくるのであろうか。

（一九九三・一一・一五）

一面の小田原気質

「小田原の人は保守的でしょ。城下町ですから」

遠慮がちにこう言う私に、彼らは等しく首をひねる。

「そんなことは無いですよ。滅法明るくて、茶目っ気たっぷりでね」「お人好しと言ってはどうかと思いますが、やっぱり豊かだからですよ」

「私たちは仕事柄、全国各地を訪れ、その地に一年間じっくりと腰を据えて番組制作に取り組むので、その土地の個性は確実に把握しますよ。小田原人は間違いなく開放的で親切です。保守的・閉鎖的なんてことは、絶対ありません」

四月からNHK教育テレビで週二回、小田原を舞台に、「このまちだいすき」という小学生向けの連続ドラマが放映されている。冒頭のやりとりは、この制作スタッフと私との会話である。

実は、この番組に即席タレントが大挙出演している。商店の女将さん、サラリーマン、ミス小田原、市の職員、寺の住職、子供たち、通行人等々…みんな普通の市民で、ちょっとした芝居をする。それも嬉し恥ずかしそうに、振り付けに応じて結構サマになっているのである。

制作スタッフの誰しもが、開放的な土地柄と断定する所以である。他所のどこにも、求めに応じてこんなに全部が全部、好意的に撮影に協力してくれるまちはない、と満足気に言うのである。

未来を担う全国の子供たちに、最新の小田原情報を一年間も発信できる、それだけでも得がたいことなのに、こんな良い話を久しぶりに聞かせてくれたスタッフの皆さん「本当にありがとう！」

がしかし、しかしである。この話は小田原気質の一面のみの見方かも知れない。あるいは、納得し難いと思う方もいらっしゃるだろう。皆さんはどう受け止めるだろうか、このテレビをぜひご覧になってください。

（一九九四・六・一五）

こだわり

頑固というか、わがままというか、単純というのか、自分自身で決めた生活のスタイルを崩すのは余り好きでない。何事にも割合こだわるほうである。

朝起きての身支度や、朝刊各紙に目を通す順、風呂で身体を洗う順番まで殆ど変えない。

どんな悪酔いをしている時でも、高熱で身体がぽっぽっとしている時でも、風呂に入らないと気色が悪い。身の回りのことなども大体自分でやる。背広、ワイシャツ、ネクタイその他自分の好みで選び、身につける。

要するに、その日の気分や流行に身をまかせて、習慣や身なりをクルクル変えることが男の沽券にかかわると思っているのである。

臆病で自信がないことによるのか、と時には反省もするのであるが、友人達に聞いても同類が意外に多い。終戦後のモノ不足時代に育って、幼心に焼きついたことどもが変に影響しているのかもしれない。

信条の「初心忘れず」とか、「言動に筋を通す」ということなどもその類《たぐい》であろうか。自分一人でなく、多くの人々や社会に影響を与える仕事に携わっている今、父の政治姿勢から学んだこれらの言葉は、政治家としての、市長としての私にとって、日々心の中で重みを増している座右の銘である。

自信の信条を生活のスタイルへのこだわり等と比較することは論外であろうが、一度心に決めたことを大切にするということと、生活や性情を頑固に変えないということには、一脈相通ずるものがあるのではと感じている。

一種の不器用人間の私なのである。激変の時代であるからこそ、変えないこと、こだわることの良さ、大切さもあるのであろうから……。

（一九九四・一一・一五）

ジューン・ブライド

最近、六月に結婚式のご招待が大変多い。いうところの「ジューン・ブライド」である。古来、高温多湿のわが国では、特に梅雨の頃のジトジトしたサッパリしない陽気が、正装と新鮮な山海の珍味、そして長い拘束時間を必要とする結婚式にふさわしくない、ということで避けられてきた。「六月の花嫁は腐る」と、今の若者達が聞くと怒りそうな言われ方さえ、一部の地域では言われてきた。

変化の時代とは言いながらも、要するにジューン・ブライドは日本とは関係がない。急増の原因は、結婚式場や旅行会社の宣伝が上手いことやライフスタイルの変化もあろうが、カタカナで「ジューン・ブライド」という響きが、若い二人に何か幸せであたたかな未来を予感させるからであろうか。

実際に六月のヨーロッパは最高に快適である。梅雨どきの日本と違って、大気は乾燥し、寒からず暑からず爽やかで、一年中の花がまとめて咲いてしまうような、鳥歌い、花いっぱいの月である。また、六月は古代ローマの女神で女性の守り神とされるジュノーの月である。故に六月の花嫁は最高の幸せに包まれることになる。

世間のことは余り気にしないで楽しくやろう。二人だけの新婚旅行は、ベストシーズンのヨーロッパへ、とそんなところだろうかと、少し横目で喜々とした様子の式場の新郎新婦を見るのだが、しかし、ふと気がつくと感動で頬を紅潮させている美しい花嫁、その傍らで愛おしさ、一抹の淋しさの風情あらわなご両親、特に目を真っ赤に泣きはらした父親の姿が目に入る。いつもの景色である。

最愛の娘を手放す親、新しい幸せを手にした花嫁、それぞれの哀歓が胸に迫って、内外のややこしい事情はさておき、これはこれでやはり人生劇場の最大最高のステージと、わけもなく納得してしまうのである。

何はともあれ、少子化傾向の著しい昨今、市長としては、心から「おめでとう、ジューン・ブライド」と激励のエールを贈りたい心境なのである。

（一九九五・六・一五）

義理と人情——強さと優しさ

「義理と人情」という言葉が廃れつつある。

『人生劇場』の世界の中の話と、まるで過去の事のように受け止められていて寂しい限りである。日本人社会のアイデンティティーの形成要因の一つとも思えるのにである。

正直言って、義理、人情にばかり拘っていては、本来、公平、公正であるべき市長としての職務に支障ともなりうるので、常日頃厳しく自分を戒めている。

しかし大好きな言葉で、いつも心にとめておいて、今、世間で強く求められている「支えあい・ふれあい社会」の必須条件であるとも思っている。

海の向こうのアメリカでも同意の心に響くようなフレーズがあって楽しい。

ハードボイルド作家、レイモンド・チャンドラーが、大鹿マーロウという仇名の名探偵にいわせているのだが、「強くなければ生きて行けない。しかし優しさを知らなければ生きて行く資格がない」というかの名台詞である。

結婚式で新郎新婦にはなむけの言葉としてお贈りしたり、子供達にもわかりやすい言い方で、時々その大切さを話しかけたりする。「強さと優しさ」を併せ持つことが出来て初めて、人間として、男として、それに政治家としても一人前と確信するからである。人生を生き抜くにも、人と人とのお付きあいにも、まちづくりを強力に推進するにも、「強さと優しさ」が求められる。「義理と人情」、そして「強さと優しさ」、それぞれ何とあたたかい、何とふくらみを持った言葉だろう。ある意味では、変革の時、過渡期を支えるのに、最も大事なキーワードである。

そんな想いを抱く私は、旧世代人と超新世代人との中間人種なのであろうか……。

（一九九六・六・一五）

サンチャゴ老人の世界

思い出したように、ヘミングウェイの『老人と海』を読み返したくなる。あのサンチャゴ老人の、何とも言いようのない雄々しい生きざまに強烈な魅力を覚えるからである。

数年前にその想いが嵩じて、フロリダ・キーウェストのヘミングウェイ邸を訪れた。コバルトブルーの海、まばゆいばかりの陽光、そしてアカデミー賞に輝いた名優スペンサー・トレイシー扮する漁師サンチャゴの赤銅色の風貌……。原作者が想いをめぐらしたであろうテラスに佇むと、小説と映画の世界と現実がごちゃまぜになって、一瞬、ぼおとした感覚に襲われたものである。

メキシコ湾流に一人小舟を浮かべて、十八フィートにも及ぶ巨大なマカジキと死闘を繰り広げるキューバの老漁夫。

老人は八十四日間もの不漁にもめげず、希望と自信を失うことなく漁に出る。そしてようやく釣った巨大なマカジキ。針にかかったまま悠然と泳ぐ姿を、強く、美しく、気高いとすら老人は思う。この偉大な魚と、漁師としての誇りをかけて闘い、三日後に遂にマカジキを仕留める。が、それもつかの間、魚は血の臭いに集ったサメに食い尽くされてしまう。

しかし老人は結果はどうあれ、全力を尽くしたことに満足し、丘の上の小屋に戻ってぐっすりと眠る。そしてライオンの夢を見るのである。

老人の、欲得ぬきで、真直ぐ突き進むような剛直な生き方に感動する。現状に流されることなく、内に秘めた確固たる信念のもと、自分流を貫くその不屈の闘志に、大いなる爽快感と羨望を覚える。

今、主体的な生き方が問われ、個人が主役の時代の到来が言われている。しかしそうは言っても、日本人社会はバブルがはじけ、少しく元気をなくし過ぎている。

サンチャゴ老人の「八十四日間の不漁」と似た状況である。人の真価が問われるのはいつもこういう時なのであろう。

自身にとっての本質的でふさわしい生き方をみつけるためにも、失くしかけた何かを取り戻すためにも、サンチャゴ老人の世界が、私達にとっていま必要なのかも知れない。

（一九九六・七・一五）

小田原モンロー

干渉しないかわりに干渉されたくない、いわゆる「モンロー主義」という言葉から、足柄平野一帯を覆う保守的一体性のような気風を私は、少々の自信と一種言いようのない愛郷の思いを込めて「小田原モンロー主義」と称してきた。

周囲を箱根連山、丹沢山塊、こゆるぎ丘陵、相模灘に囲まれたこの一帯は、天然の清穏平野である。城下町小田原、さらには母なる酒匂川を中心に、この地方には独特の風土、人情、産物等の分厚い沈殿がある。

人々は「阿《あ》」と生まれ、「吽《うん》」と昇天するまで、この限られた地域の中で育ち、配偶者を得、生計を立て、親類の縁を拡げてきた。商売も無理して箱根山を越えたり、大磯丘陵以東にまで伸ばさなくても何とかやっていけた。殆どの産物はここで生産され、販売され、消費された。

事情の分からない外の者に余り干渉されたくない。自分達も外の世界のことに口を出さないから。こうした「小田原モンロー」とも言うべき気質が、知らず知らずの内に小田原人の血の一部となって脈々と流れてきた。

富士山と酒匂川　右側は矢倉岳

極論すれば、ヒトやモノ、カネ、情報すらも、狭い。しかし、全てが静穏なこの域内を行ったり来たりして、始まりそして終ったのである。

ここは良くも悪くも長い間、或る意味での閉鎖社会であった。

「小田原モンロー」的体質は、時代の激浪の中でその価値を失い、私達の周囲から急速に薄れつつある。ましてや我がまちは、今「小さな世界都市・小田原」を目指して走り始めた。

むしろ、このような保守的風土を形成してきたこの地域の一体性やエネルギーを、新しい時代に向って望まれるまちづくりの強力な武器としてどうにか活用できないかと想いを巡らす。

大いなる可能性を秘めたまちが、その持てる力を超えて限りなく発展していくためにも、古い「小田原モンロー」を、新しい「小田原スピリッツ」にどう転換できるかが、今まさに問われているのである。

（一九九六・八・一五）

若者達の「やりがい」

ふと、朝聞いたラジオでの話。

ある大学の三年生の就職意識調査で、「どういう仕事を望むか」、との問いに、「世のため、人のためにやりがいのある仕事をしたい。自分が納得できれば給料なんて安くてもいい」。なんと殆どの学生が異口同音にこう答えたという。

「ほーっ！本当かなぁ」。申し訳ない話だが瞬間的にそう思った。つい何年か前まで若い人達は、格好の良い、待遇の良い職場を求めて右往左往していた筈なのに……。

「やりがい」とか「生きがい」とかいう深い意味のある言葉とは、余り縁の無い存在と思っていた若者達が何時変わってしまったのか。

しかし、萌芽はある。青年海外協力隊への関心や一昨年の阪神・淡路大震災後の学生や若者達ボランティアの活躍ぶり、最近の日本海でのロシアタンカー重油流出事故での素早い反応ぶりは見事と言う他はない。我々大人達が余り気づかないところで、彼等の心に何かが芽生え始めたのかも知れない。

今や飽食の時代で、若者達の間に我々の時代には余り見られなかった、一種の清貧志向があると思う。本当の自分を探したり、自分なりの「やりがい」を求めるためには、給料なんて問題じゃない。場合によってはフリーターや契約社員の方が自分を大切にできるかららいい。そんな感じである。世間体を気にして、周囲が、先生が、親が、なんてことよりも、彼等なりに納得できる価値やフレームを、しっかりと心の中に固守しているかのようである。

しかし、どうも何か違うぞ、というような感もするのである。

高度成長の終焉。そして内ごもりの成熟社会。若者達にとって何時でも帰ることのできる安らぎマイホーム、頼れる両親。そんな安心感、幸せ感がベースにしっかりとあってのボランティアなのでは。安全なシェルターの中から、違う世界の悲しい現実を垣間見て、ちょっと手伝おう、参加してみたい。皮相的かも知れないが、そんな見方ができなくもない。

最新のカー情報に目を光らせ、携帯電話まで持って流行のお洒落に夢中。そんな今時の若者達のイメージが、どうにも「やりがい」や「ボランティア」と結びつかないのである。多分両方共に真実の姿なのであろうが……。

（一九九七・三・一五）

のど自慢小田原大会

三月末、のっけからノリにノッた雰囲気で、小田原市民会館でのＮＨＫのど自慢が放映された。

小田原人てこんなに底抜けに明るかったかなぁー、とあらためて驚いたくらい、他のどこよりも滅法陽気なのど自慢や市民イメージが、本市の名所や名産品と共に全国に発信された。

何と千五百四十七組もの応募者の中から、まず二百五十一組が書類選考され、予選会では一組一分間（一番のみ）のまるで流れ作業のような厳しい審査の後、最後に残った二十組が本番出場の栄誉を獲得したとのことである。バラエティーに富んだそれぞれの熱演、満場の熱気、見事に一つに盛り上がったステージが繰り広げられた。

ノッていたと言えば、アナウンサーの宮川さんまでいつになく楽しそうにハシャイでいた様子が窺え、印象に残った。限られた時間の中で出場者の情報収集、そしてコミュニケーションを徹底的に進め、開演までに会場全体をすっかり打ち解けた雰囲気にまとめ上げてしまったという。神業のような能力である。聞くところによると、過去にのど自慢が開催された全国各地で宮川アナを囲む出場者の同窓会ができ、活発に活動しているという。何とも大した人である。

ただ、私としては市役所の若手職員グループの猛練習（？）の果ての〝ハッスル迷演技〟が、「カーン」とカネ一つであったのが何とも残念至極だった。

しかし、本市職員の意識改革運動の大きな成果として、職員自らが発表した「情熱新市役所宣言・私達は変ります」のスローガンが、彼等の発案で会場に大きく掲示され、それが全国に紹介されたことは望外であった。

小田原市政が、市役所が、情熱と意欲に満ちて新たな気持ちで時代のニーズにあった市民のサービスに邁進します、との意気込みが、市民のみならず全国民に知れわたったような感を覚え、「してやったり！」と思わず快哉を叫んだ。放映にただ感謝である。

何十年ぶりかで小田原にやってきたＮＨＫのど自慢。何とも言えず賑やかで楽しかった画面から、全国の視聴者はわが小田原に一体どんな思い抱いてくれたのだろうか。

（一九九七・四・一五）

ゆっくり食べよう！

「もう少しゆっくりと食べなさいよ」、「お前にそんな食べ方を教えたつもりはないのに……」。

私が家族みんなと夕食を共にすることは滅多にないのだが、そんな時に限って、のっけから母が文句を言う。どうも少しせっかちで品のない食べ方が目立つらしい。

大勢の方々との会食や短時間に何ヶ所かの席を渡り歩くような機会が多いせいか、何時の間にか、寸暇を惜しんで口に放り込む↓飲みくだす↓品が悪いという図式が板につき過ぎてしまったのか。

埒もない不健全な話で、仕事のため……、とか偉そうなことを言うつもりは全くない。大なり小なり全国の首長が日常的に繰り返している、食べなければならない時に食べられないということに起因する悪習である。

先輩や友人達にも「いい加減に仕事を整理しろ」、「身体を粗末にするな」、「余力がないリーダーは失格だ」とまで言われ、それももっともな話と思いながらも、仕事が好きで、人が好きで、体力にまかせて己の健康と引き替えにやたらガンバる全国首長の代表選手のような私なのである。

そんな生活の中で当然のことのように食べ方も品が悪くなってきたのだろう。早飯早○○芸の内、と戦国武者ならば誇った筈であるから、人様とお逢いする場所は全て仕事、と日々常在戦場の気分でいる私からすれば、母に叱られたことも私なりの勲章かな、と変に自分をなぐさめたいような気もするのだが、妻や倅達までもが、そうだそうだの大合唱では、いくら開き直っている私でも気にせざるを得ない。「身体髪膚これを父母に受く」で、食べ方だけでなく健康のことまで心配されながら母に強く言われると、ましてやである。

しかし逆に、悪習を身に負いながらも奮闘努力している我が身を秘かに「愛おしい」と思うこともある。一人でも多くの人と接触し、交流を深めることがどれほど大切かと確信を持つからである。有森裕子さんではないが、何時の日にか「自分を誉めてやりたい」と言えるようになるかも、と母の心配をも顧みず、懲りもしないで〝ガンバルマン〟を続ける私でもある。

どちらにしても「ゆっくり食べよう!」と心に言い聞かせる今日この頃である。

（一九九八・二・一五）

手本は二宮金次郎

「衣食足って礼節を知る」で、過去の歴史を見ても経済の安定が国の基本である。しかし昨今の金融・経済の激変と国家国民の範たるべき枢要の地位にいる方々の倫理、公徳心の欠如は目を覆うばかりで、「道徳門と経済門」を説かれた二宮尊徳先生の爪の垢でも煎じて飲んだら良いと思う。混濁した世相の中で、郷土の偉人、尊徳翁の実践、実学から発したその思想、哲学があらためて脚光をあびている。

市長という私自身の立場から言っても、この世の事象すべては、一つの円のような繋りのあるもので永遠の繰り返しの中にある、という翁の「一円融合」の思想は、まちづくりや市政運営の基本を表わし、市民と行政とのパートナーシップにも例えられる。報徳思想の中心をなす「分度《ぶんど》」とは、広範、綿密な情報収集のもと、実情を正確に分析、認識し、しっかりとした計画のもと経営にあたるという意に、「推譲《すいじょう》」とは懸命に努力をし、まず自身やまちが豊かになって、その上で余力があれば周囲や地域社会に還元する、或いは次代にその蓄積を譲るという意と理解する。更には「道徳門と経済門」で、倫理、道徳の欠如しているところに真の繁栄や幸福は有り得ない、と人の生きざまやまちづくりの根幹を鋭く喝破している。まさに今や「手本は二宮金次郎」なのである。

しかし振り返って本市や市民の中で報徳思想というものがどれほど広く深く息づいているかと自問してみると、翁とご縁のある他市町村と比較して、若干の引け目を感ぜざるを得ない。

結果的にこうなった原因は不明だが、あえて私なりに考察すれば、戦前、国家主義の時代に上手く利用されたように、刻苦勉励、勤倹貯蓄的イメージの地味で厳しい翁の考え方やあり方が、比較的のんびりして豊かなこの地の気候風土になじみにくかったのかも知れない。また農民出身の金次郎の立身出世や偉業に一般庶民の中にも屈折した感情が当時からあってそれが遠因となったのか、或いは足柄平野一帯には親類、縁者等がいっぱいいて、金次郎像や尊徳像が他所より生々しくとらえられている故なのかも……等々一人よがりでいろいろと思うのだが、つまるところ良く分らない。

いずれにしても、信奉者の方々や金次郎生誕の地である栢山の桜井地区の皆さんがしっかりと守り続けて下さった尊徳翁の灯を、本市としても今後さまざまな形で燃え上がらせていかねばならないと考えるのである。

（一九九八・四・一五）

中井さん

名誉市民、中井一郎元市長が逝去された。享年九十一歳、大往生である。

ふた月程前に御見舞にお伺いした時には、もう誰とは判然としないご様子であった。最後にお話しをしたのは確か数年前で、ご自宅のある石橋のバス停のそばにぽつねんと佇んでおられた。頑健そのものの体躯、そんなイメージを抱いていた私は、真っ白になられた髪とあの独特のあたたかな笑みを浮かべて杖にたよったお姿が、磯の波しぶきに溶け込んでしまいそうな感がして、お年を召されたなぁ、と妙に脳裏に残った。

初めて中井さんとお逢いしたのは今から二十七年前、私が市会に初当選した直後である。既に大市長の風格で、二十七歳のひよっ子議員の私は声をかけてもらえるだけでも幸せ、というような感じであった。若くて元気が良いだけが取り柄の私は、議会活動でもやたらと中井市長や市の幹部に突っ掛かっていった。小生意気な奴と眉をひそめられていただろうと、今思い出しても冷汗ものである。

多少は大人になったせいだろうか、そんな私が「中井さん」と心安く呼べるようになったのは、三十九歳で当時全国最年少の議長に就任した前後からである。全国市長会の会長というとてつもない重職に就かれ、「日本で一番偉い市長さんと日本で一番若くて未熟な議長の変なコンビのまち、小田原市」と自分でもあちこち吹聴するようなことがあってからである。私なりの中井さんとの心の触れ合いの始まりであった。柔らかい表情の中に秘められたしぶとい政治手腕や行動力が、私にも少しずつほの見えるようになって、地方政治家の大先達という思いで受け止められるようになったのである。

奇しくも今、同じ市長という立場に立って思いを巡らす時、四期十六年の安定した市政運営の実績もさることながら、特に全国的なスケールでの故人の活躍が、小田原市の知名度や格をどれ程高めたことか、その功績の大きさに粛然と襟を正さざるを得ない。人は棺を蓋《おお》うて初めてその真価が判るといわれるが、無数の地方政治家にとって中井さんは永遠にまばゆい存在であり続けるだろう。

今はただ末輩の一人として中井さんの御霊安らかなれと祈念し、天上より本市発展に大いなる御加護を賜わらんことを祈るのみである。合掌。

（一九九八・一〇・一五）

催眠特効薬

枕頭にＣＤラジカセが鎮座ましましている。

最近、年のせいだろうか、夜中に何度か目が覚める。「疲労は最善の枕である」とか言われるが、そのまま直ぐ寝入ってしまうことはまれで、気掛かりな問題や忘れていたことがふと脳裏によみがえり徐々にふくらんで来る。心配でたまらなくなってますます目が冴えてくる。朝起きたら早速ああもしよう、こうもしようと種々思い悩んでいる内に、何故か無性にシャクにさわるようなこともあったりして、カァーと身体が熱くなったりする。こうなるともう一〜二時間はお手上げである。深夜に考えたり結論を出したりするとロクなことはないと過去の体験で判っているのだが、ますます思考は迷路に入り込む。羊が一匹、二匹…なんて全く効かない。

幼い頃からの癖で、少しでも時間がある時は必ず何かの本を読む。乱読だがそんな毎日だった。今でも枕元には必ず読みかけの本がある。かつては、それこそ目が疲れて自然に眠り込んでしまうまで何時間でも読みふけった。しかし、近頃ではもともと読み始めたら面白くて止められないようなサスペンス小説や活劇ものの類しか置いていないし、目もやられるので、あえてそんな時は手に取らない。翌日の仕事に差し支えたら多勢の人に迷惑をかけるからである。

いずれにしても目からが駄目なら耳からということで、ＣＤラジカセのお出ましになった。クラシックならゆったりかつ荘重なウインナワルツ。ピアノやヴァイオリン曲は案外心が波打つ。軽音楽ならのどかでカントリー風なニューアメリカンミュージック。勿論ジャズや演歌はノーサンキュー。講演テープなら男性の低音な声で内容も硬めのもの、ラジオなら賑やかな宣伝の入らないＮＨＫ第一放送。これが私の催眠特効薬である。雑念や心配事が頭からどんどん離れていって、逆にかすかに聞える柔らかなトーンのむずかしい話がスンナリ私を夢の世界へ導いてくれる。そんなことで今、ラジオ放送か経済や環境問題等の講演テープがお気に入りである。三～四十分で自動的に電源オフになるようにセットしておくのだが、五分と聴いた記憶がない。

ネムレナイ症候群は現代のストレス社会の流行病のようである。人は余り静粛過ぎても眠れない。だから、人工的に心地良い音環境をつくり出せば良い。不眠でモンモンとお悩みの方、如何でしょうか？

（一九九九・七・一）

キレイ好き

電車がどんなに揺れても吊り革には絶対つかまらないとか、他人と握手しないとか、少し異常と思えるような潔癖症、癇症の人が世の中多くなっているそうである。

実は私にも若いうちから友人達よりちょっぴり綺麗好き、或いは神経質なのかなと思えるようなところがある。日常の中で今でも習慣的になっていて、時々母からも「お前は変わっているねェ」とまで言われることの幾つかを挙げてみると、①外出から帰ると必ずうがいをし、手や顔を洗う。それも手の切れそうな冷たい水で。②毎朝必ず新聞数紙を読むのだが、インク油で汚れた手をセッケンで洗い流すまで、一切他の物には触れたくない。③三十九度、四十度の高熱でも、どんなに悪酔いしていても風呂に入らないとゆっくり休めない。④温泉に入ってきても家に帰ると、必ずもう一度風呂に入る。⑤身体中ほこりまみれになった時等、勿論耳の穴の中までセッケンで洗わないと気色悪い……。「当たり前!」とあるいは笑われてしまうようなことばかりかも知れないが、でもどこかおかしい、変わっていると恥ずかしながら自覚している。多少のこだわりを持って、キレイ好きを自負している私なのである。

ところで最近の抗菌グッズの氾濫《はんらん》には驚かされる。歯ブラシ、タオル、布団、ボールペン、スリッパ、シャツ、靴下…。抗菌とは何をもって定義しているのか。滅菌、殺菌、除菌、消毒?。

〝超清潔症候群〟。周囲には病的なほど潔癖さを求める一方、自分がきたないのは構わないという誠にやっかいな心の病である。他人が触れたものは不潔で、自分だけは特別だという現代病(自分勝手病?)の一種で、今やこんな極端な例まで出始めている。

何年か前、インドネシアのバリ島で多数のコレラ患者が出て、それも何故か日本人旅行者ばかりだったというニュースを覚えておられるだろうか。

世界でも特殊だそうだが、最近の日本ほど徹底した清潔志向を持ち、無菌室化された純粋培養的環境を是とする、いわば社会的信仰のようなものが蔓延している国は無いという。結果としてそうした風潮が人々の病気やバイ菌に対する抵抗力、免疫力をも奪ってしまっている、と言う学者もいる。

日頃からバイ菌に曝されながら抵抗力を育くむ、上手くつき合っていく、人類の起源から考えても細菌と〝共生〟をしていく、ぐらいの大きな気持ちがそろそろ必要となってきているのであろうか。

私ももう少し〝キタナ好き〟になろう……。

（二〇〇一・五・一）

頑張る

若い人、というより一般的に「頑張る」という言葉への拒否反応が強くなっているのだそうだ。

「ガンバレ！」。確かに日頃ヤタラに耳にする言葉で、私自身も何気なく良く使う。スポーツの応援や部下への督励、なかには新婚さんにホームで友人達が「ガンバレー」とユーモラスに励ましていたり、多少使う場所がどうかと思われる場合まで、まさに便利に、というより乱用されている。

「根性」、「一生懸命」、「ファイト」とかいう言葉と一緒に、私達が育ってきた時代は、「頑張る」という言葉が当り前のように通用した。周囲を見廻せば、全てが貧しくて、全てが劣悪な環境にあった。「頑張る」対象や目的は、何処にでも誰にでも必ずあった。その人なりに素直に呑み込み、咀嚼できて、誰もが心の中に、すっとしみ込む言葉であったのである。

最近ではそれがそうはいかないという。「ガンバレ」が、抽象的で無目的々で、ただ努力を強制されているように感ずるからなのか、赤信号を皆で渡る的な世界の中から跳び出すことを強いられそうな不安や恐怖感からなのか、そもそもが余計なお節介で、他人に干渉されることが気に入らないからなのか、それとも他の何なのか私には良く分らない。

今は何もかも本当に豊かになった。しかし多くの人々は、海図の無い海を舵を失い、ただ波の間に間に漂流している難破船の乗客のような気分に陥っている。「何かが欠けている」、そんな焦りにも似た想いや悩みを誰しもが抱え、更に複雑、多様化した考え方や価値観があふれている。かつてとは別の意味で、頑張って良いこと、頑張らなければならないことだらけの筈である。今こそ「頑張る」が大切にされなければならない、私はそう思う。ただ、問題もある。「頑張れば報われる」という原則が崩壊している。頑張った結果、成果を挙げ、成功した人を讃え、尊敬するという当然のことが忘れられている。逆に頑張って何かに挑戦し、失敗した人を徹底的にたたいたりさえする。誇りを持って「頑張った」と、人も自身も思えるような社会でなければ、私達は一体何に夢を持って生きて行けばよいのだろうか。

何がどうあろうと、私自身はこれまでも、これからもひたすら「頑張ろう!」である。

（二〇〇二・九・一）

心に残った「電車の話」

A君は幼い頃から鉄道が大好きだった。たまたま母親に連れられて初めて乗った江ノ電。小さな箱形の車両は観光客やら買物帰りのおばさんやら賑やかで、その生き生きとした情景や通り過ぎる車窓の風景が幼な心に強く焼き付いた。そしていつの頃からか、大きくなったら必ず江ノ電に乗って働きたい、そんな夢を持つようになった。高校三年で就職の時、あんなにあこがれた江ノ電はあいにく新入社員の採用をしなかった。翌年も翌々年も彼はひたすら待った。昨年やっと受験できて、四年越しの夢がかない合格通知を受け取った。今、彼は江ノ電の新人車掌として眼を輝かせ懸命に働いている。

少し前の新聞に載った記事で、概略こんな内容だったように思う。心を動かされるような話は昨今余り耳にしないが、この話には正直ジンと来て、何度か読み返した。

親戚が腰越にいて、私も学生時代よく江ノ電に乗った。連担する家々の軒端や外壁すれすれにゴトゴト走る江ノ電。きらきら光る湘南の海と緑の丘陵の間をグォングォンと飛ばす江ノ電。数十年前の自分の想いが鮮やかに脳裏に甦って、A君の気持ちが痛いほど伝わって来た。

A君の夢を大切に受け止め、常に暖かく応援し続けたご両親の深い愛情、地域の電車江ノ電の使命の何たるかをキチッと認識し、その魅力を色あせること無く磨き続ける会社の経営姿勢、何よりもA君の真っ直ぐで一途な江ノ電への愛着、決してあきらめないでとうとう夢を手中にしたその執念、迫力。胸を打たれるのは私だけであろうか。なかなかある話ではない。

最近、小田原でも似たようなことを聞いた。やはり小さな頃から大雄山線の大ファンで、自分の家は必ず線路の傍に建てたい、そう心に誓った彼、Bさんは、仕事の合間を見つけては希望の地を探し続け、遂に宿願を果たした。のびやかに走る電車の姿と、普通なら騒音と言われかねない車輪の音を間近に見聞きしながら、今幸せ一杯のマイホーム暮らしという。当然、あの独特の赤い車両の箱根登山電車にも強い愛情を持つ沿線住民も多いことだろう。

地域を走る電車は、地域の風光や行き交う人情やあたたかいまなざしを受けて、ひた走る。真っ直ぐに延びる線路は地域に根づき、A君やBさんのような熱い想いを育む。こうありたい、そう一筋に思う。願いは必ず聞き届けられるものだ。近頃、心に残ったちょっといい話である。

（二〇〇二・一一・二）

負の遺産

小田原は歴史の大事な場面に幾度か登場し、時代を画するような事件の舞台となってきた。

西暦一一八〇年、石橋山合戦。源頼朝が源氏の再興を期して片浦石橋山に三百騎にて挙兵、大庭景親率いる平家軍三千騎の前に惨敗した。中世武家社会の始まりとも位置づけられる旗挙げであった。

一五九〇年、小田原合戦。天下統一を目前にした豊臣秀吉に最後に歯向かった小田原北条氏。籠城百余日、内通者の裏切りもあって遂に開城。落城ではない。戦国時代の終焉、近世の幕明けである。

一八六八年、箱根山崎の戦。幕末、勤皇佐幕で藩論が激しく揺れ、一時は旧幕府遊撃隊に呼応して官軍と敵対、藩主の謹慎蟄居と減封処分を受けた。皮相的な見方かも知れないが、維新後、小田原が最終的に県都たり得なかった遠因となった。

私見だが、これら三事件の最大の敗因は情報戦略にあったように思う。小田原はいつの時代でもあらゆる情報の集散拠点であった筈である。その価値を軽視していたか、もしくは収集、分析能力を持たなかったのであろう。「井の中の蛙、大海を知らず」の類である。誤った彼我の評価と判断が非運を招いた。

石垣山一夜城址から望んだ小田原市街

長い歴史の中で小田原は、何度か地域や郷党、一族の未来を賭けた決断を迫られた。もし「その時歴史が動いたら」と思わぬでもないが、その都度、血の涙を呑んできた冷厳な事実は、負の遺産として我がまちに今に到るまで何等かの影を落してきたと思わざるを得ない。「頑張った結果報われなかったまち」が、時の積み重ねを経て「出る杭は打たれる」、「物言えば唇寒し」文化に繋っていないだろうか。

加うるに古来、気候温順、風光明媚、地味は肥え相模の海は豊饒、東西の広域交流拠点であった。言わば、必死で生き抜く努力をしなくても何とか食べられるまちだった。一世を画するような戦での敗北の教訓と恵まれた地勢、環境が微妙な綾をなして、いつの間にか変化や進取の気象を求めないまちになってきてはいないだろうか。

しかし今、世は第三の変革期の真っ只中。ましてや情報化社会、更には世界の観光地と首都圏がリンクした好立地。過去を払拭し、正の遺産に転換する、まさに時こそ来たれりである。気概を持とう！小田原。

（二〇〇三・九・一）

還暦

年のことはあまり言いたくないのだが、何を隠そう昨年還暦を迎えた。還暦とは読んで字の如し、六十年たって暦がぐるっと廻ることを言うのだろうが、古の人は本当に上手いことを言う。確かに今年の正月を私は数年ぶりに身も心も清々しく気力横溢して全く常と違って迎えた。暦が新しく始まって、私の新しい人生が始まった。今年私は生まれ変わった。まさに私は一歳を迎えたのである。

本能寺の変で火炎の中、織田信長が舞い謡ったという「〽人生五十年、化転の内に較ぶれば、夢、幻の如くなり…」、ではないが何百年も人生五十年、で来た筈なのに、いつの間にか「〽村の渡しの船頭さんは、今年六十のお爺さん…」になり、現代では定年六十歳が、三歳も五歳も延び始めてすらいる。

昔にくらべるとみんな見た目も若いし、精神的にも年齢の七掛け、と長洲一二神奈川県知事もことあるごとに言っていた。人生の幅広い蓄積は智恵を脳のひだの奥深くに沈潜させ、人間として成長するに止まるところを知らず、ともいう。いまや還暦は熟年のスタート台なのである。

昨年秋、中学校時代の全クラス合同の同窓会が初めて持たれた。赤いチャンチャンコだけはやめようと言い合って、当日二百人余が集った。還暦を祝って大勢の旧友と遅くまで語り合った。団塊の世代が大挙して少し後に続いてくる、私達はそんな世代である。入試も就職も、そろそろ大変な競走になりかかっていた。しかし、貧しくはあったが、まだまだどこかのんびりしていて楽しい想い出の方が多い中学時代だった。

人生の第一ステージを離れることに不安を訴えたり、体調が思わしくない、と悩みを打ち明ける友がいると思えば、「さぁーくびきが外れた」「さぁ第二の青春だ」と意気軒昂に、仕事に趣味に夢を語る友人達、と人生さまざま模様の一夕であった。

〝還暦〟という言葉の重い意味を改めて考えさせられた。そんなみんなを見て、挨拶の中で私は「来年は一歳、初心に帰って一から始めよう！」と檄をとばした。

折しも長い景気低迷のトンネルを抜けて、ようやく回復基調への歩みを始めたかの日本経済。自主・自立、荒波の分権時代に、新たな一歩を踏み出す私への大きな贈り物になりそうな予感がする。

（二〇〇四・四・一）

好きだから

「市長さんて大変ですね。良くやっていられますね」

微妙なニュアンスにもよるのだが、同情とも揶揄とも思えるような言葉をたまにいただく。

「好きでバカだからですよ」

私はこう答える。「好き」はそのままの意味で、多くの皆さんの助けでどうやら市長職を務めさせていただいている幸せは言葉に言い表わせない。

「バカだから」は失礼な言い方かな、とも思うのだが、多少のテレと実際の話、損得を考えていたらこんな仕事やってはいられない、という思いが日頃強いからである。

何年か前、ある地方の首長さん達が、余りにハードな公務に音をあげて、毎週日曜日は必ず休もう、と申し合わせしたとかいう記事を読んだ。「そんなこと絶対守れっこない」と、その時確信したものである。

常勤特別職としての首長の勤務条件は、法令上、週何日とか毎日何時間とか一切拘束が無い。常勤とあるだけで、不真面目ならば選挙で落ちるだけ、ということだろうか。私達の仕事は、日常の公務の多忙さに加えて、市民の皆さんが休みの時、夜や休日等に集会やらイベントやらへ出ることが非常に多い。皆さんが地域の融和や活性化の為にご自分の時間まで犠牲にされているのに、出来るだけ参加するのは当り前だからである。

その上、激変期、今迄なら役所とは全く縁が無く、民間企業でも滅多にないような難問の渦中に突然放り込まれる。難しい決断を強いられることもしばしばである。更に超長期の景気の低迷もあって、市役所も私も思うような仕事ができにくい。なかなか期待に応えられない。私のストレスもいや増す。

それでも日々幸せで意欲満々やっていられるのは、健康でかつこの仕事が「大好きだから」である。市長就任以来、病気で休んだことは殆んどないし、楽しい嬉しいことにはそれこそ、いっぱい出逢う。

市民の輪の中に入って、その喜びを我がことのように感じたり、まちの風景が着実に良い方向に変っていると自らが納得できたり、大きな課題を克服できた時の充実感や達成感。苦労を共にしている職員達と語らう時…。「好きだから」と胸を張っていえる題材にはこと欠かない。「好きでバカだから」なのである。

（二〇〇六・四・一）

自分を大切に

「私達の身体は小さな細胞の集合体です。大人は六十兆個という膨大な数の細胞によって構成されています。しかしもとはお父さんとお母さんから受け継いだたった一個の細胞です。それがお母さんの胎内で十月十日、細胞分裂を繰り返して、赤ちゃんになって生れる時には何と三兆個、そして大人になるまでに六十兆個にまで増殖するのです。ご両親は皆さんの身体の源、まさに皆さんは分身なのです。当然のこととしてご両親もその両親もその前もずぅーとずっとの昔から同じ事が続けられてきたのです。

私には三歳になる初孫がいます。滅茶苦茶可愛いです。目に入れても痛くないと良く言いますが、入れば入れてしまいたいくらいです。頬っぺたをそっとなでると、本当にスベスベ、ツルツルしている。するとこれが未来なんだと心の底から思います。私はこの世からいなくなっても、意識はなくても、私自身が子からこの孫へと生き抜いていく、続いて行く。人類も地球も遠い未来までこうして繋がっていくんだ。真にそう思えるのです。

皆さんは皆さんだけの身体ではありません。遥か昔から遥か先までの長い長い絆の一部です。自分が本当に大切な存在なのだということがお判りになると思います。

しかし人間は一人では決して生きて行けません。家庭、地域社会、世間…。人と人との繋がりの中で生きています。その意味で自分だけの幸せなんてあり得ません。他の人のことも大切に考えなければならないのです。

自分を大切にするということは家族を大切にするということです。クラスメートや隣人やまちを大切にしなければならないということです。こう考えて行くと自分を大切にするということが大きく深く拡がることが判ります。自分は自分だけの自分ではないのです。自分を大切にしてください。」

この春の白鷗中学校、酒匂小学校の卒業式での私からのはなむけの言葉である。卒業生に何をどう話せばしっかりと伝わるのか、思い迷って結局日々育んできた私自身の想いを紡いで、率直かつ訥々と語りかけた。ヒタと私を見据える数多の真剣なまなざし。心からの私の願いを少しでも受け止めてくれれば望外の喜びである。


（二〇〇七・五・一）

第二章　二十七歳・独身・最年少議員からのスタート

――「たくゆう」から

市議４期目の選挙戦　1983年4月

言動に筋を通す

皆さん、明けましておめでとうございます。一年の議員生活を過ごして私なりに感じたこと、思っていることを率直に書き綴ってみたいと思います。

あの苦しかった選挙戦を通して私なりに人生の機微に触れ、人の心の暖かさ、人間としての何かをとらえたつもりでおります。これは実際に「渦中の人」であった私に限らず、陰になり陽日になって応援して頂いた先輩諸氏、友人知己の方々も多かれ少なかれ感じられたことではないでしょうか。選挙戦を通して感得したこれらのことが、最年少議員として市政に参画した私の政治に対する姿勢、身の処し方に大きな影響を与えたことは否めない事実です。建設会社を経営する立場の私と、議員としての私の立場を上手くかみ合せ、どちらにも支障をきたさない生活のあり方に私なりの解決を見出すのにたいして時間はかかりませんでした。それは日常生活における一種の慣れであるかも知れないが、自分で納得し、人もそれを肯定し得るような生活のリズムが完成すれば、議会人としての私も後悔をしない行動に身を委ねることが可能となるでありましょう。一市民としての生活と、選良としての生活を一致可能ならしめることが出来ない人間からは、真の市政への貢献は望めないのではないでしょうか。私なりの努力と市政に対する熱意を持って、それに解答を与えるつもりです。

小さい頃から私は、自分の言動に筋を通すということをたたき込まれてきました。今でもそれを信条とし実行しているつもりです。筋を通した言動が必ずしも人から賞賛を受けるとは限らないであろうし、政治活動の上でのマイナスとなることもあるかもしれないが、その良否は時間の経過のみが判定できる事柄でありましょう。これからの議会人としての生活においても、私なりに筋の通った政治活動を心掛けていくつもりです。

一年を過ごしてみて、若さということが私の議員生活にそれ程プラスになっているとも考えておりませんが、マイナス要因になっているとも思われません。所謂、ベテラン議員達の経験に起因する行政観に対して、より高度の見地から結論を導き出せるようなこともままあるからであり、えてして種々因果関係に縛られがちなベテランに対して、少なくとも別の面から物をみるだけの心の余裕を（それは一歩間違えると無定見につながるかもしれないが）持っているからであります。

行政というものの本質を一つの単語に求めることは至難でしょうが、行動にあらわすということは容易です。又、千変万化する現代の目まぐるしい世情に応じて、その本質でさえもが種々意味合いを変えるようなこともあるのではないかと思います。そうした流れに身を投じ、行動を続けることが、それをつかむ最短距離となるでしょう。私には若さという武器があるのですから。

ペンの走りのままにまとまりのないことを書き綴ってきましたが、自分で言うのもおかしいが、私は穏健な常識人です。その時々の状態に応じての身の処し方とか活動方針とかが、このような私の性格によって方向づけられるならば、少なくとも大きな過ちだけは避けられるでありましょう。

最後に機関紙の発刊に際して、声援を送って下さっている皆さんに私からのささやかなお願いですが、市政へ参加するという意味で「郷土」というものの意義とあり方について、一日の内のほんのちょっぴりの時間でも結構です、頭の片隅へ浮べていただきたい。都市の魅力づくりは市民全体が熱心に取り組んでゆかねばならないことなのですから。

とりとめのないこの所感の中から、支持してくださっている皆さんへの私の感謝の気持ちと、新人議員の市政に対する姿勢の一端なりをご理解いただければ幸いです。

（一九七二・一・一）

私の信念

梅雨に山も野原も洗いぬかれて、その緑を一層濃いものとし、強い初夏の陽射しが眼にしみいるような季節がやってまいりました。

生意気を言うようですが、最近、やっと四季の移り変わりの美しさに目を止める心の余裕ができてきたように思われます。

早いもので議員生活に入ってから、もう一通りの四季を経験いたしました。当選した当初は、言動の一挙手一投足が自分自身ぎこちなく感じられたものですが、ぬるま湯にどっぷりとつかったような市政の欠点も、又、城下町的な小田原の良さも、議員として十分理解できるようになり、若輩の私にも働く場所、進むべき道が見えてきて、新たな意欲を燃やしている今日この頃です。

先般、「緑と水の豊かな住み良い町」なるサブタイトルのついた、小田原の将来を方向づける総合計画が発表されました。これによると、昭和六十年の本市の人口は二十五万人と推定されております。ある人は首都圏の中の一都市としては発展性がないとか、非常に保守的な観点の人口設定だとか批判いたします。確かに藤沢市や茅ヶ崎市、平塚市等近隣諸都市の発展と人口の社会増には目をみはらせるものがあります。

しかし、東海道メガロポリスの中にも、一つぐらいゆったりと落ち着いた「ふるさと」といったイメージのまちがあっても良いようにも思うのです。

つい先日も川崎から越してこられたある若いサラリーマンの奥さんが、子どもさんのぜんそくが越してきたその日からぴったりとなおってしまったと驚いておりました。この言葉が、本市の魅力とこれからの都市の一つの在り方を示唆しているのではないでしょうか。「緑と水の豊かな住み良い町」というような大変きれいな言い回しを、あえて総合計画のサブタイトルに使わなければならないところに、現在の本市の苦悩、全ての都市が共通して直面している悩みがあるのでしょうが、脱工業化時代を目指して、暗中模索している我が国の現状を思う時、魅力ある都市づくりに市民の総意を向けることも非常に大切なことであります。

本市の発展ということと、「ふるさと」的な小田原とが相容れない課題であるならば、私は躊躇なく後者をとるでしょう。行政の姿勢として、人口を政策的に増加させ、山や丘を切り開いて新しい可能性を秘めた町づくりをする、というようなことに決して全面的に反対するものではありませんが、ただ忘れてならないことは、あくまでも永い歴史の中で、連綿として培われてきた都市の顔というものを損なってはならない、子孫に残すべき最大の財産を失ってはならないということです。

こういった私の考え方に、退嬰的だとか保守的だとか異論を唱える方も多いと思われますが、特色あるまちづくり、魅力あるまちづくりという大命題が、私の信念を益々確固たるものに仕立て上げているのです。議員としての私と、一市民としての私と、立場の違いによる発想の差異はあっても、郷土を想う気持ちに変わりはありません。郷土というものが我々にとって、最も大切な人間形成の場であることは疑いもない事実なのです。都市づくりとは、ヒューマニズムと自然愛を追求するものであると深く信じている私です。

最近よく愛国心について論じられておりますが、愛する故郷を持てない人に、そのようなことをウンヌンする資格はないように思えます。即ち家庭を愛し、その環境基盤であるところの郷土を愛することこそ真の愛国心であり、そこに明日の都市を考える源泉があるのではないでしょうか。現在の自由主義下にある日本は、ある面では実に魅力的な国であると考えられますし、この国を高く評価するだけの自負が我々には必要だと思います。洋の東西を通じて、美を理解する国民は優れているといわれますが、日本民族が長い間育んできた生活の中に溶け込んでいる美が、かなり高度の水準にあるということは、海外の知識人たちも一様に認めている事実なのです。

歴史とか、伝統とかを思う我々の気持ちが、都市の魅力づくりに少しでも反映するならば、我々のふるさと小田原は、「輝ける都市」としての光彩を永久に放ちつづけるのではないでしょうか。

四季折々のわがまちの装いを、本当に愛している市民の一人として、緑と水の豊かな住み良い町づくりに精一杯心がけていきたい、梅雨明けの夏空にそんなことを想い浮かべる私です。

（一九七二・七・一）

小田原駅東口周辺都市再開発構想

小田原の町も年々変わっている。特に駅周辺の変わり様はどうだろう。幼い頃、トコトコ走っていたチンチン電車の姿も、もう脳裏から消えて久しい。

異常だの、狂乱だの、滅亡だのという文字が、やけに目につく最近であるが、世間の不景気風を尻目に、わが町は相も変らぬ建設の槌音が耳に賑やかである。

先日あるところで、ふた昔も前の駅前の写真を見る機会を得た。黄色く変色した風景の中に、当時のひなびた風俗が浮き上がり、幼い頃のことどもを彷彿とさせた。

当時と、現在のわが町と、私達にとってどちらが好ましい小田原なのだろう。「年々歳々花相似たり、歳々年々人同じからず」、人だけでなく、周囲の風景さえもが時と共に移り変わる。〝古き良き時代〟への郷愁を、多かれ少なかれ心の底に忍ばせている私達の当然の思いであろうか。

今年の本市予算に「駅東口周辺都市再開発構想策定委託料」一千万円が計上された。長たらしい名称が付けられているが、要するに駅周辺のごちゃごちゃしたところを整理して、市民の住み良い、歩きやすい、そして美しい街づくりをしようということだろう。

欧米では、こうした街づくりの専門家に、市の常勤職員として「環境芸術家」を採用しているところが増えているという。見た目に美しく、かつ人間的で快適な都市を創るには、都市計画や建築の専門家だけでは十分でない、という発想によるものである。こうした動きが示すように、特に欧州諸国では、都市づくりにあたって、〝都市美〟を重視する考え方が昔から強いようである。

誰でも知っている例はパリである。街路に並ぶ各種の建物が、全体として調和を保つように工夫され、街路樹が整然と緑なし、橋の上や街角のいたるところには芸術的な彫像が飾られている。広告看板の一つ一つさえもが、パリの街角に融け込んで美しい。

小田原駅東口の旧駅舎

時の流れに従って、その折々、明るい衣替えをする街もあれば、パリの如く、長く、そして古い歴史の佇まいを今に残す街もある。

我が国の場合は、たゆまない欧米文化の摂取、著しい経済成長など、社会構造の変遷に都市形態がついていけなくなり、古い街並みと新しい街並みの奇妙な対比の中に、雑多な風景を形づくっている都市が多い。お世辞にも都市美があるとは言いがたいが、大いなる繁栄の代償であろうか、本市駅周辺の再開発が叫ばれる所以である。

この計画を聞いた時、私は、数年前、やはり何百万円もかけて策定され、現在では、ぶ厚い総合計画書の中に、僅かに最後の二頁を占めるのみの地位にある「西部山岳地帯の開発構想」を想起した。

真鍋博描く未来画のような、駅周辺の再開発構想の鳥瞰図をご覧になった方もあろうが、この構想もまた、画に描いた餅のようなものである、という言を誰が否定しえよう。

変貌を遂げつづけているが、何処か無理のあるような感もするわが町の姿を、市民の望む、美しく快適な町とするための「序曲」として、前者の轍を踏むことのないよう、この構想の策定と実現が期待されるところは大きい。

私達はそれぞれ、わが町、わがふるさとに対する、自分なりの夢を抱いている。これらの個々の夢が集約され、「都市美の創造」の過程に生かされた時、洋々たるわが町の明日への展望がひらかれるのではなかろうか。

為政者は常に大衆に夢を与え、それを具現しなければならない。これは行政の鉄則であるが、市民は、あの夢を食うという伝説の動物「バク」ではない。同じ夢でも悪夢だけを食うといわれる「バク」に私達が変わったとき、わが町の美しさは永久に消滅することであろう。

「歳々年々街同じからず」、めまぐるしく変転するわが町の姿に、議員として、なすすべもなく過ごしてきたようにも思われる己をみるのも、あと八ヵ月の任期を残すのみとなった。一年生議員の責任感か、はたまたあせりであろうか。

盛夏に向かい、皆様のご健康とご繁栄を心より祈念し、併せて、余す任期に一層のご声援とご協力をお願いいたします。


（一九七四・七・一）

本当に「良い社会」を探求し続ける

長かった昭和時代に幕が閉じ、「平成」という元号がようやく耳になじんできた新春です。語感の弱々しさは別にして、外に対して平和、内に対して平等という含意に、何とはなしに納得するものがあります。

今、人口の六割を超える人々が、戦争を知らない世代です。平成に変わり、太平洋戦争は一段と視界から遠ざかっていくような気がします。そして、基本的には豊かになり、「物より心」「社会より個人」志向が強くなり、人々は自己充足を追求し始めたようです。

この日本及び日本人の変貌は、もちろん自由主義社会というより、世界全体の変化と密接に連関しているように見えます。東側社会の盟主ソ連に、ゴルバチョフ政権が誕生して以来、ペレストロイカ（改革）のうねりは、それこそあっという間に東欧諸国に波及して、「逆ドミノ現象」を惹起させています。まさに「山が動いた」のです。

さらに世界経済の膨張に伴い、一方では地球環境の破壊の進行、他方では生活レベルの向上という背景があって、人々はグローバルな視点で環境問題に目を投じ始めました。地球の温暖化、砂漠化、森林破壊、酸性雨、海洋汚染……と、どれ一つをとっても地球規模でその解決に取り組まねばならない課題ばかりです。

このとき、日本は一体どうでありましょうか。今日本の経済的膨張が世界各国で摩擦をおこし、その原因が最終的には、日本社会や日本文化の特異性にあるとして非難されています。個人的に言えば、欧米の社会や文化が普遍的で、日本のそれが特異であるというのはおかしい話だと思います。しかし外国からの内政干渉まがいの指摘を見ると、そういう見方もできるのか、と新鮮な驚きすら覚え、納得してしまうようなことも確かに多いのです。

どうやら日本は袋小路に入り込んでしまったようです。この袋小路を脱するには、思い切って発想を転換するしかないのではないでしょうか。日本異質論ではなくて、どれだけ他の国と共通するものを持っているかを発見する。高い視点から私達のまわりを見直し、日本が持っているものの中で、立派に世界に通用するものを探し出す必要があると思います。

日本は貧しい小国から、短期間に豊かな大国になり、好むと好まざるとに関わらず、外交と内政を大きく変えざるを得ない時代を迎えております。それは大変厳しい、苦しい課題です。しかし私達は新世紀の輝ける日本を再構築するために、それを成し遂げなければならないのです。日本も今まさに、変革の時に直面しています。

このように何重かの意味で、重要な転機の中に生きている私達にとって、真に豊かな社会を築くためには実はもう一歩進まなくてはならないのだと確信しております。

即ち、豊かさとは別に、何が本当に「良い社会」かを、あらゆる観点から問うことです。ごく最近まではともかくも豊かになることを志向することは、ある程度妥当性がありました。しかし今や豊かさだけでは駄目になって、特に個人レベルでは「自己充足」が大きなテーマになりつつあります。

さて私達の周囲の神奈川県政や小田原市政には、一体今、何が求められているのでしょうか。地方自治の場では、往々にして見られることですが、既存のシステムが円滑に機能することだけを考え、理想とか、夢とかいった、いわば〝超越的〟な問題を考えなくなってしまいがちです。豊かさに溺れ、こうした世界や日本の陰に陽にの変革の嵐にもかかわらず、地方自治は「我関せず」と旧来の慣習や発想を引きずりがちです。大切なことは、本当に「良い社会」とは、と常に探求し続ける行政の姿勢であり、これからの地方自治の魅力は、まさにここから醸成されるのではないでしょうか。

消費税の導入論議を通じて、最近、高齢化社会への対応がよりかまびすしく論じられるようになりました。厚生省は、市町村ごとに医療、福祉、保険の総合計画を策定し、実施するよう義務付けるとともに、現在、都道府県で持っている老人施設に関する権限を市町村に移し、きめ細かな対策をとれるようにする構想を持っているとのことです。高齢化に対応した地域社会の確立のための準備は、どう積み重ねていけば良いのか。

文部省では、数年後の小、中、高校の週五日制導入の検討に入っているとのことです。子ども達の校外学習、校外生活の場は、どう確保できるのでしょうか。私達の日常生活の中にももちろん、大きな変革が起こりつつあるのです。

新しい世界観と、新しい地域社会観。問題の大きさは違うかもしれませんが、しかし私自身の中に、こうした新しい価値観を創り上げることは、決して克服できない課題ではないと考えております。

二十一世紀に生きる私達にとって、本当に良い社会とはなにか、精一杯の情熱を持って誠実に取り組みます。ご声援いただいている皆様とともに、今年もまた、神奈川県政の中に西湘の夢を花開かせるべく、大いに飛躍したい、と心に期しております。

（一九九〇・一・一）

ヨーロッパを視察して

私達は今、地球規模の環境問題を目のあたりにしています。オゾン層の破壊、温暖化、酸性雨、砂漠化、野生生物の減少など枚挙にいとまがありません。いまや、緑、自然、環境ということが、時代のキーワードになってさえいます。

このような事実は、便利さや豊かさを当り前のもの、当然の権利として追い求める時代ではなくなってきたことを物語っています。言い換えれば、大量につくり、使い、捨てる時代から抜け出し、社会、経済、文化から、日頃のたたずまいに至る人間行動を、「環境型」に切り換えて行くことが迫られているのです。

過日、ヨーロッパ視察の機会を得ました。

そこでは、街も、森も、山々ですらも、我が日本と全く異なった雰囲気の中にありました。あえて誤解を恐れずに言うならば、自然を意識し、あくまでも自然と対峙し、征服することによって、手なづけ、自分達のものにしているという感を強く受け、新鮮なカルチャーショックを覚えました。

日本では、自然を征服するということでなく、ことさら自然に逆らうということなく、人間も、森も、街も自然の一部として存在し、生活している、そんな思想が長い歴史の中で、いつも、どこかに必ず流れてきたように思います。

山や、森や、天球や、動物すらも精神的な崇拝の対象、ある時は信仰の対象として、一種の神聖な侵すべからざるもの、そして心の拠りどころとされてきました。

ヨーロッパの森も庭園も街も、人工的に長い時間をかけて育てられた、いわば手なづけられた自然と言われます。だからそこは、誰でも気軽に入って行ける人工的空間として、都市生活の中に混然と組み込まれています。西欧人が自然と対立し、自己を主張しながら、その歴史を積み重ねてきたことと対象的に、日本人は、自然を友として生活し、自然と同化することに喜びを感じながら、独特な感性や、価値観や、生き方を学んで、民族の血肉としてきたのです。

実はこの違いが、自然保護の面で西欧社会と日本社会の中に、非常に大きな問題を生じさせ、日本人と西欧人の間に違和感を呼び込む一因となっているのだと思います。

余りにも自然と同化し過ぎて、意識の上での「自然保護」、「自然は守ってやらなければならない」という認識になかなか至らない、ここに現代の私達が、現実の自然との付き合い方に矛盾を起こしている大きな要因があるように思えてならないのです。

今回のヨーロッパ視察を通じて、これからの自然保護は、ただ緑を守れ、残せと叫ぶのではなく、失われつつある緑を保護しながら、その中に「新しい緑」、「新しい自然」を作り出すような発想を持つべきである、と改めて強く感じさせられました。

百年もあれば、原生林に近いような森を充分に作ることができる、と言われております。

神が創りたもうた自然、先人達が営々と残してきた緑に頼るのみでなく、西欧の思想を参考にしながら、一方では、積極的に人工的に「新しい緑」、「新しい自然」を、後世のために努力して作り出して行くことが必要なのです。実際に自分達がつくり、利用する自然だからこそ、守ろうという気持ちも強くなるのではないでしょうか。

東京一極集中の弊害もあって、首都圏域の地価が、私達一般庶民の高嶺の花になってから久しいものがあります。宅地の絶対量の不足状況を少しでも緩和するという観点から、都市内農地の高度利用、宅地転換を促すという名分により、いよいよ生産緑地法の新制度導入、そして農地税制の改正がなされることになりました。

平成四年暮れまでに、市街化区域内に農地を所有している農家は、その農地を宅地化するのか、或いは三十年以上営農していく農地、いわば永久農地として保全するのか、一軒の「家」としての長期プランを、急遽ここで固めざるを得ないという厳しい選択を迫られています。

自己増殖作用を続ける都市の勢いは、止まるところを知りません。都市やその周辺の農地の開発、宅地化は、欧米でも大きな環境問題になっているようです。

我が国に於いても、「既に都市は余りにも農地を破壊し続けてきた、そろそろ残ったものは大切に守っていこう」という声が大きくなりつつあります。都市内農地の持つ意味の重要性に、多くの人が気づき始めたのです。

今回の市街化区域内農地を巡る政策転換は、まさに、宅地転換と、都市内農地(緑地)の保全という一見相反する市民ニーズに対して、政治が行った一つの決断でもありました。それだけに生産緑地としての農地を選択したエリアには、国や自治体は勿論のこと、私達市民一人一人が、あらためて生産活動に裏づけられた緑地機能に着目すべきでありましょう。

また同時に公害や災害の防止、農業と調和した都市環境の保全等に役立つ農地を、計画的に保護し、当の農家に対しても、強力な支援を続けなければならないという、重大な責務を負うことになります。

今後、私達は一面としては、都市農業の万全な育成をはかりつつ「新しい緑」、「新しい自然」を意識した良好な都市環境の形成を図っていくことになります。

地球をこれ以上傷つけず、特に人家が密集した都市域に緑地を残し、かつ増やして次代に引き継いでいくためには、国はもとより地方自治体、企業、市民、団体などあらゆるレベルで行動することが必要です。

自然を収奪、破壊しながら、生産、開発、成長を目指してきた私達の来し方と、いってみればその所産である現代文明のあり方自体を見直し、再構築する必要を強く感じます。

地球環境問題では、人類の英知が試されています。その賢明さを証明するためにも、私達一人一人が、日頃の生活の中で、何ができるかを真剣に考えるべきです。

二期目の県会議員としてはじめての新春を、充実した気持ちで迎えました。

今年もご期待に違わぬよう、情熱と行動と誠実をモットーに、県政、市政の伸展の為に、或いは市民の皆様の良き相談相手たるべく努力を致します。

皆様のご多幸を念じつつ、おざわ良明の新春のごあいさつとさせていただきます。

（一九九二・一・一）

市長就任から二年を迎えて

戦後最長といわれる平成不況ですが、ようやく景気の先行きに一筋の光明が見え始めたかの昨今です。丁度その不況の真っ只中、市長に就任して既に二年、今、任期の後半に踏み出したところです。

任期前半をかえりみて、わがまち小田原の特質、魅力に今更のように驚き、こんなに多彩で素晴らしい素材を活かせないはずがない、とまちづくりへの熱いおもいがいや増す日々です。

市長に就任後すぐに私は、市の総合計画「おだわら二十一世紀プラン」の後期基本計画策定に取り組みました。多くの市民の声を聞き、多角的にとらえ、かつ熟考した結果、まちづくりのテーマを「きらめく城下町・小田原の創造」としたことは既にご承知のとおりです。

二十七歳のときから、市議、県議として二十一年間小田原を見つめ続け、わがまちの最大の宝、財産は、一言でいえばなんといっても「城下町」ということにあると確信していただけに、まったく思いがけない突然の市長就任でしたが、「城下町」をまちづくりのキーワードに取り入れることには、何のためらいもありませんでした。

歴史、自然、観光、文化等々……と我が小田原市の発展を担う要素はいくつかあります。私はこれらの課題を、単に小田原の魅力ある素材の一つとしてとらえるのではなく、総合的なまちの個性として融合、昇華させることにより、新しい強力な小田原のイメージ「きらめく城下町」として磨きをかけていくべきと考えました。そのための基礎作業をこの二年間、かつてない厳しい財政難に苦闘しながらも、着実に進めてまいりました。それぞれの分野における個別の課題の持ち味を十分理解し、できる限りグレードアップさせ、きらめかせることで、個性あるまちとしてのアイデンティティーを形成し、都市としての存在を確固たるものにしていきたいと考えたのです。

そのために海に出かけ、森の中に分け入り、人々の輪の中へ積極的に飛び込んでいきました。自然、観光、文化、産業と、それぞれの課題に新たなまちづくりの橋頭堡が築かれつつある、と私なりに確信できた二年間です。

こうした経過を踏まえて、残された後半の任期に、小田原が進むべきあるいはあるべきまちの姿「きらめく小田原城下町」として、いかに現実的な形として整備が成し遂げられるか、誰しもが認める小田原の特性をいかに顕在化させ、さらには伸張することができるか、そしてそれら個々のわがまち固有の資源を、体系的に積み上げ、誰にも理解されるようネットワーク化し、市民へはもちろん、全国へ向けてどう発信していくのかが、いわば市長・小澤良明の勝負どころ、とあらためて闘志を燃やしているのです。

二年の経験であらためて実感し、日頃自分に言い聞かせていることがあります。当たり前と言えば当たり前ですが、結局、リーダーというものは、「決断と実行力なくしてリーダーたりえない」、政治は「言葉で始まり実行で終わる」ということです。

不確定、不透明な時代にあって、先見性を持ち、自分の考え方をキチッともってそれを明示して、さらに実践、推進していく力強さがどうしても必要です。そして、これらを確実に進めていく過程では、とても自分の能力だけでは十分ではありませんし、全てを掌握しながら進めていくことが難しいこともまた確かです。

そこで、できる限り有能な人々、幅広い有為の人の意見に耳を傾けて、それを小田原流・小澤流に総合化して自分のものにしていくというプロセスが求められます。即ち、多種多様な人脈を持ち、組織を動かすことのできる人物でないと駄目ということです。

厳しい都市間競争の時代といわれ、一方で我が小田原市には、まちの活性化、一層の飛躍のための資源は無尽蔵といっても過言ではありません。これらを玉となすか、路傍の石として捨て置くか、いわば首長の力量が、時代から試されています。

微力ですが、まちづくりの情熱、意気込みだけは誰にも負けません。決断と実行を旗印に、内外の知恵を集め、多くの市民の共感を得て参加を願い、職員と一丸となって「きらめく城下町」づくりに邁進していきます。訪れる人も勿論ですが、このまちに生まれ、住んでいる人々がどこのまちよりもやっぱり小田原が好き、と等しく誇れるようなまちを必ず創り上げてみせます。

（一九九四・七・一）

ケンペルの語る小田原

今から三百年ほど前、江戸元禄期に我が国を訪れたドイツの医師ケンペルは、その『江戸参府旅行日記』の中で小田原城下についてこう記している。

「まちの両側にはきれいな建物があった。町筋は清潔でまっすぐのび、およそ千戸ぐらいの家々は、小さいけれど小奇麗で、大抵白く塗られていた。多くの家は方形の土地に小さな庭園を設けていた。城には白壁塗りの新しい三重の天守閣があって人目を引き、住民は小奇麗な服装をし、礼儀正しい態度、特に婦人の優雅な身のこなしは云々……、彼等は空気がきれいなことと、この土地の環境が快適なことからここに腰をおろしてしまったのである。」

江戸中期以降、特に開港なった幕末明治期に多くの西欧人が我が国を訪れ、その国土の美しさ、町の清々しさ、一般家庭のうるおいのある佇まい、人々の生活の折り目、節目の正しさにいたるまで等しく感銘を覚え、これこそ「ガーデンシティー」と大いなる影響を受けた。日本独特の自然志向や生活様式が「田園都市」という発想でヨーロッパ中に拡がる契機の一つとなったのである。

《絶妙のポジションと環境》

今、世は激変と混沌の真っ只中にある。従来の価値観や考え方、人々のライフスタイルすらその根底から覆されつつある。国づくりやまちづくりの理念、手法も当然のこととしてその埒外にありえない。ましてや「癒しの世紀」、「自然と環境の世紀」と言われる現在、従来型のハード主体の国土形成のあり方や発想が許されるべくもない。優れた自然と環境、歴史と文化を誇る我がまち、わが圏域。首都東京と直近にあり、かつ首都圏の西縁と世界のリゾート、富士箱根伊豆国立公園の東縁にあって、両圏域が丁度リンクする絶妙のポジションと環境にある。

美しい庭園の島国、世界のガーデンアイランズ、日本。そしてその中にあってさらにその魅力、特徴を凝縮したかのように包含する日本のガーデンアイランズ、我が小田原、我が圏域。歴史的にも実証されているその戦略的拠点性と持てる資質、価値を改めて再認識し、「ガーデンシティー」の理念を一層発展させ、周辺都市群を巻き込み「日本のガーデンアイランズ」として大いなる可能性にかけるべき、まさに正念場を迎えているのである。

《着々と進む広域連繋》

昨年十一月十九日、小田原市、箱根町、真鶴町、湯河原町の一市三町による「西さがみ連邦共和国」がめでたく建国した。三十二年前、小田原市、南足柄市と上郡五町、下郡三町、計二市八町による「県西地域広域市町村圏協議会」が発足した。以来、営々と広域交流を積み重ねてきた一つの成果でもあった。中でも地域イメージや地勢的、歴史的、文化的にも特につながりの深い一市三町が、この度「連邦共和国」という新しいステージで、合併も視野に入れながら、生活環境の向上や観光活性化等にさらに連繋を深めることは、どのまち一つをとってもそれぞれが全国ブランドの実力を備えているだけに予想を超えた大きな発展の起爆剤となろう。

昨年暮れ、国土交通省より「県西地域広域市町村圏協議会」が研究調査委託を受けた〝新らしいコラボレーション（協働作業）に基づく広域的都市像〟の概略がまとまった。神奈川県西地域は、自然、歴史、文化と共生した自立都市圏域としての発展が望まれている。そこで市民、NPO、企業、行政、諸団体等の参加によるコラボレーションを通じた地域活性化構想として、静岡県東部地域（沼津・御殿場・熱海市等）と連繋した「箱根外輪広域田園都市圏」の創造が提唱された。

折しも神奈川県は、「かながわ新総合計画21」のもと、富士箱根伊豆に跨る山梨、静岡、神奈川三県の新たなる交流圏の形成を目途に、観光を軸とする広域連繫を模索し、既に交流圏首長サミットも開催された。

《環状都市群を結ぶ回廊》

いずれにしても世界に名だたる国立公園の内部や外縁部にあって、これを支え、補強する三県の関係自治体が、それぞれ環状都市群を結成し連繫することはある意味で時代の必然であろう。三つの環状都市群がさらに都市回廊（コリドー）として連環、協働する、これこそ私の言わんとする「ガーデンアイランズ」構想の輪郭であるが、このパワーを考えると、単に観光交流を推進するというレベルで、いつまでもいて良いはずがない。

首都圏と中部圏の狭間にあってその秘めたる可能性の巨大さと突出した魅力。この都市回廊（コリドー）により連関する広大な県際地域を、業務的あり方や経済性を主として追求した従来型都市構想とまったく違った「日本のガーデンアイランズ」として結晶させることができれば、そのスーパーパワーは未来に羽ばたく我が国の一大自然型拠点圏域ともなりうる。

そのために情熱を傾け、汗を流すことが、当面私にあたえられた大きな使命と考える。私にとって「西さがみ連邦共和国」はこの「ガーデンアイランズ」構想実現のまず第一歩、スタートなのである。

謹賀新年。旧年中のご厚情に心より感謝申し上げ、新しい年も全力を挙げて市政の発展に邁進することをお誓い申し上げます。

（二〇〇二・一・一）

ヒルトン誕生までの軌跡

四億三千万円。ヒルトン小田原からの通年ベースでの市の年間家賃収入である。新たな巨額の安定収入源として市財政と市民福祉の向上に大きく貢献している。

五百億円近くの巨費を投じた「スパウザ小田原」を関連施設も含めて八億四千万円で買わないか。降って湧いたような国の驚くべき本市への要請である。平成十四年八月、私の悶々たる一年の始まりである。

当時、自治体経営が厳しい中、民間がやっても難しいホテル経営をなぜ市がやるのか、とても無理、と市幹部の大方は反対であった。当然のことである。

しかし、見方を変えてみると、築後五年新品同然の五百億円の施設を考えられないような破格の金額で購入できて、これをうまく運用できないようでは無能経営者のそしりをまぬがれないということでもあろう。様々な意見を聞きながら私は考えに考えた。もし市民が納得できるような立派な民間企業が委託先として手を挙げてくれたら、どうなのか？
そこで国にかけ合い一年の余裕をいただいた。慎重に真剣に施設全体のチェック、健全

協定書締結式（2003年8月26日）と、空から見たヒルトン小田原

経営の可能性、民間委託における市場調査等々、有力法律家等の専門的な知恵も借りながら、担当者のそれこそ不眠不休の検討が続けられた。その間、マスコミによる国の無駄遣い批判は激しさを増し、その矛先は購入の是非を検討中の本市にも向けられた。まだ何れともまったく決めていないのに、市があたかもやみくもに購入に走っているかの報道が飛び交った。市民の誤解による批判の嵐も燃えさかる一方であった。国の無駄遣いの尻拭いを、なぜ市がしなければならないのかという類の論調が主たるものであった。宗教法人や社会福祉法人が触手をのばしているという噂もあった。得体の知れない方面からの市への脅迫も連日のように続いた。凄まじいストレスと戦いながらの一年近くの必死の模索の後、受託企業を全国公募することになった。結果的に「ヒルトン小田原」が誕生した。契約内容の詰めも外資相手だけに慎重を極めた。ヒルトン社の積極的で誠実な対応は社風であろう、現在も不変である。

市が購入するという国への正式回答は、こうした多くの関係者の長い苦闘があって初めて可能となったのである。

（二〇〇七・七・二）

第三章　城下町小田原をつくる――「市長のほんね」から

「北條五代祭り」で北条早雲に扮する著者　2007年５月３日

一　守りと攻めのまちづくり哲学

市長？　建築士？

私は市長をしていますが、もともとは建築の道を目指していました。一級建築士の資格ももっています。市長という仕事にはまったくムダな資格のように思えますが、実は建築の仕事と市長という仕事はとても似たところがあるのです。

建築家は家を建てるのが仕事です。建てられた家には、それぞれの方が、愛する家族と一緒に暮らします。一つ屋根の下ではいろいろなことがあります。楽しいことがあれば悩みもあります。解決しなくてはならない問題もあります。家族はそれぞれが話し合い、助けあい、それらの課題に取り組み、乗り越えていくのです。これはまさにまちづくりと同じです。「まち」という屋根の下には、たくさんの人々が暮らし、助け合い、努力をしています。そういう意味では、建築を目指してきた私の道のりは決して無駄ではなかったと思っています。

まちづくりというものは、一朝一夕に成し遂げられるものではありません。本当に時間がかかります。しかし、一歩一歩確実に前に進んでいかなければなりません。「人がまちをつくり、まちが人を育てる」。私はこれからもたくさんのみなさんの協力を得ながら、人もうらやむようなすばらしい家となる「まち」をつくっていきたいと考えています。

（二〇〇四・三・一九）

駅前づくりと小田原らしさ

小田原駅は、五つの鉄道路線が集散する、つまり五人の駅長さんがいる広域的なターミナル駅です。首都圏と世界の観光地・富士箱根伊豆のちょうどリンクしたところにあります。広域交流の拠点として国や県もその重要性を認めている小田原駅周辺整備構想のスターティング・プロジェクトとして市民念願の小田原駅東西自由連絡通路アークロードが完成しました。西口駅前広場の工事も一応完了し、いよいよ今月から東口側の広場整備に着

小田原駅アークロード式典　2003年12月20日

手します。待望の駅ビルも、来年夏の完成を目指して槌音高く建設が進んでいます。東口のペデストリアンデッキや駅ビルが完成すると、全国でも初めてのユニバーサルデザインモデル駅である小田原駅の全貌が現れます。エスカレーターやエレベーター、案内サインなども整備され、駅全体がバリアフリー化され、ますます使いやすくなります。

しかし、駅前のビルの空いてしまっているフロアをいかに埋めるか、あるいは駅ビルで買い物をしたお客様が中心市街地全体に足を延ばしてもらうにはどうすればいいかなど、課題もたくさんあります。全国どこにでもある金太郎飴のような駅前ではなく、小田原らしさを感じられる駅前の姿をつくるべく、現在、皆でいろいろと知恵を絞っているところです。

そういう中で、国道一号やお濠端通りなどの整備が着実に進み、駅前も新しい顔ができつつあります。まちを回遊するための拠点である、街かど博物館、なりわい交流館、文学館など、小田原の歴史や文化を感じさせる場所づくりとともに、着実にまち歩きの人が増えてきました。古いものと新しいものとをうまく混在させて、新しい時代に合わせた城下町を再生する。これこそが、今の時代に一番求められているのだと思います。

緑あふれる城下町、せせらぎの城下町、あるいは車椅子でも歩ける城下町をしっかりとつくる。その拠点が小田原駅前広場であることを忘れてはいけませんし、往時の小田原の繁栄をしっかりと手中にするには、一歩一歩着実に努力を重ねていく姿勢でないといけません。「ローマは一日にしてならず」なのです。

(二〇〇四・一〇・一)

観光とまちづくり

平成元年に小田原市は「観光元年」を宣言しました。景気の長期低迷が続く中で、城下町小田原が生き残っていくためには、何と言っても本市にとって未熟であった観光産業を刺激することだが一番だと確信したからです。当時の市役所では、観光は余計な仕事であり、行政が情熱を傾けていく仕事ではないという雰囲気がありました。しかし、二十一世紀は交流の時代であり、観光は二十一世紀の最大の産業であるという確信の中で、「観光元年」を標榜したのです。

とはいえ、まち全体を一度に変貌させるような施策を導入できる財政環境ではありませんので、与えられた資産の中で最大限の努力を重ねるしかありません。折しも中心市街地の空洞化が進んでおり、その活性化策と連携して、城下町のシンボルである小田原城址あるいは城下町そのもののイメージを生かしつつ、できることを考えていきました。城址公園の史跡としての整備を着実に図っていきながら、歴史や伝統のある店舗の協力を得て「街かど博物館」に改修し、まち全体を博物館にするといった構想も作り上げました。「街かど博物館」は今でも毎年増やしていますが、観光客の方にもとても人気のようです。それらの施策が連携することによって、既存の資産が観光資源として新しく生まれ変わっていくのです。

そして忘れてはならないのは「おもてなしの心」。これは商店の方々のみならず、市民の皆さんの協力が不可欠です。小さいけれどもしっかりと着実に観光施策を推進していくことが、まちづくりの中で大きなポジションを占めていくと考えています。小田原市政策総合研究所でも、さまざまな研究を市民の皆さんと一緒に重ねる中で、まちづくりのためのグループが誕生し、活動が始まっています。このように、今を生きる小田原市民の皆さんが「このまちは本当にいいまちだ」と思ってくれることで、小田原のレベルが向上していきます。そういう意味では、観光行政は総合行政でもありますので、福祉や環境、防災などと同じく、しっかりと取り組んでいきたいと思っています。

そんな中、十月二十九日に、さまざまな地域の活性化のために国土交通省が観光事業のハード施策からソフト事業に至るまでを総合的に支援するという「観光交流空間づくりモデル事業」に、西さがみ連邦共和国が選定されました。このようなことも一つの足がかりとしながら、観光を一つのキーワードとしつつ小田原の繁栄につなげていきたいと考えています。

（二〇〇四・一一・五）

歴史的まちなみと新しい都市空間の融合―アメニティデザインが決まる

「アメニティ」とは、一般的に「快適性」と訳されています。小田原駅を降りたときの道路や建物を含め、すべての空間を見渡したときに得られる快適性＝アメニティは、来街者の心に都市のイメージを形づくります。私は、これまで市役所の前の広いコンクリートの広場を雑木林の前庭に変えたり、市内の水路などは、できるだけ蓋がけをしない、あるいは、市内の主要幹線道路の整備には街路樹の植栽が必須条件とするなど、まちの魅力をアメニティ溢れるものにするため、はっきりと目に見える形で示すよう努力をしてきました。

こうした中、小田原市においても、ご多分に漏れず、中心市街地の空洞化が著しく、その活性化と、城下町の魅力を生かした緑あふれる快適な都市空間づくりを進めるため、平成十四年九月に「中心市街地アメニティデザイン推進委員会」を立ち上げました。この委員会は、今年度整備が完了する小田原駅周辺をはじめ、お城通り再開発事業や（仮称）城下町ホールなどの新しい都市施設を視野に置きながら、小田原城をはじめとする歴史的なまちなみと新しいまちなみをどのように融合させるかといった課題を検討させるためのものでありました。また、小田原城をはじめ、西海子小路《さいかいちこうじ》、御幸の浜、小田原漁港、板橋界隈、こういった地域の財産に連続性を持たせ、駅を降りて、「ちょっとまちなかに踏み出してみたくなる」、「散策してみたくなる」、ひいては「何度も訪れてみたくなる」と思ってもらえるようなまちのあり方を模索しました。

平成十五年度は、アメニティ基本方針と整備指針を策定し、翌十六年度には、整備指針を実効性のあるものにするための基準づくりに取り組みました。具体的な基準づくりを進めるために、庁内に五つの会議を設け、市民の皆様や専門家の意見を聞きながら、今回定めた五つのマニュアルを作成しました。このマニュアルは、緑化、環境色彩、ユニバーサルデザイン、案内板表示、無電柱化推進の五つの視点からつくられ、拠点やまち並み整備の方向性について整理されています。

今年度は、高度地区指定も行いますし、県条例よりも厳しい基準をもった屋外広告物条例の検討にも入ります。これにより、看板等の規制や誘導に入りたいとも思っています。さらに、来年度には、平成五年度に全国に先駆けて制定した小田原市都市景観条例を改正し、新しい都市景観条例を施行します。

西海子小路　かつて武家屋敷があったところで、南町の国道1号線と平行した海側にある。

小田原市は、広域交流拠点でもある小田原駅という賑わいや活力を追求しなければならないエリアと、国の指定史跡で静謐《せいひつ》さや重厚さを要求される小田原城址のエリアが、徒歩で十分前後の至近距離にあるという珍しいまちです。それだけに、まちづくりが非常に難しいのです。駅周辺と城址公園周辺のまったく相反する資質を要求されるエリアを、いかに連続性を持たせて、あるいは、アメニティを持たせて、まち並みとして調和させていき、融合させるかということに、たくさんの知恵が求められますし、市民の皆さんのご協力が必要になります。

今後共、まちづくりに、メリハリをつけていき、十年後の小田原の中心市街地は、うるおいとやすらぎにあふれ、歴史・文化、そして、新しい都市空間とがうまく融合した、新しい時代に合わせた城下町が再生されているものと確信しています。

（二〇〇五・四・二九）

すべての市街化区域を対象に高さ規制始まる

六月十五日、小田原の持つ良好な居住環境を維持し、都市として必要な機能を活性化するために、すべての市街化区域を対象に都市計画法による建築物等の高度地区を指定しました。小田原市は、長い歴史と文化、そして、豊かな自然環境を誇り、また、交通環境にも恵まれて、素晴らしい立地条件にあります。その一方、歴史的には中心市街地の一部が戦災にあったり、七十数年周期で大きな地震に見舞われてきました。また、日本の政治・経済・情報の一大拠点である東京や横浜にわずか数十分で行くことができる環境にあるため、首都圏であり、かつ、城下町でありながら、まちの活性化やまち並みについて言及されると城下町らしい風情が残っていない、あるいは中途半端な地方都市だなどという言われ方をされてきました。

こうした中、全国各地と同様に、本市も中心市街地の空洞化が進み、地価が下がり、できた空地にマンションが建つ等により、まち並みに少しく違和感がもたれるような現象がではじめました。そんな状況をみて、足柄平野や城下町おだわらの甍の波を整えたいと思い、数年前から学識者も入っていただいて建築物の高さのあり方についての検討をはじめました。高さを規制することは、孫子の代まで、私権を制限するということになり、十分に神経を使わなくてはならないことですし、一方では既存の高さのばらつきも出てきていることにも配慮しなければなりませんので、様々な判断が必要となりました。

小田原の中心市街地は、城址公園という、まさに城下町おだわらのシンボルというべき静謐な空間を確保しつつ、至近距離にある広域交流拠点としての、あるいは中心市街地の活力のコアである小田原駅周辺を活性化するためにどう高度利用できるか、即ち城下町おだわらの再生と広域交流拠点としての活性化という二面性を有する地域の発展という非常に難しい課題に対応しなければなりません。したがって、メリハリをしっかりつけて、「守るものは守る、新しく創り出すものは創る」、そういう考え方をもとに本市にふさわしい建築物の高さのあり方を目指しました。

そのため、まず市なりの理念・哲学をこの問題に対して持つべきだと考え、長い歳月をかけて一定の市の案をつくりあげました。そして、その案に基づき、昨年、公募の市民や自治会の代表者、商工業などの各種団体の代表者に、学識経験者などを加えた小田原市建築物の高さのあり方検討会を設置し、本格的に、また慎重に検討を進めるとともに、二千人の市民を対象にしたアンケート調査の実施や、市内各地で十二回にもわたる基本方針の説明会を開催するなど、市民意見の集約と合意形成に、とりわけ、心をくだいて進めてきました。

その成果として、市街地の様々な特性に配慮しながら、地区を五種類に分け、高さの最高限度を三十一メートルから十二メートルまで、それぞれ定めるとともに、地区によってはメリハリをつけて、より活性化させるという意味で緩和措置を講じた部分もありました。工業地域を含めて、すべての市街化区域を指定したということは、県内でも例をみないものであり、全国的にも数少ない取組みです。今回の取組みの副次的なものとして、駆け込みマンション建設が集中し、各所で反対運動が起きたりもしました。現在の法制度の中では、いかんともし難い現象であるのかもしれませんが、新しい時代をつくるためには乗り越えなければならない難所として、受け止めざるを得ないものと思っております。それぞれの立場の皆さんには、市としても誠意を持って対応してきたものと考えています。

こうして行った今回の高度地区の指定は、ゆとりある低層住宅地の拡大を目指す一方、広域交流拠点である小田原駅周辺地区については、高度利用の促進と駅前広場の公共空間を確保することにより、活力ある市街地の創出を図るとともに、小田原城周辺の保全と活用にも配慮するというものです。私権を制限する高さ規制ですから、総論賛成各論反対の議論が各所にありました。しかし、十年先、二十年先のまちのあり方を考えたとき、今回の指定が小田原市の居住環境の保全と中心市街地の活性化に非常に有意義なものであり、市民の皆さんの暮らしの向上に結びついていくことを固く信じています。そして、この制度は多くの皆さんのご理解とご支持を得るものと考えております。（二〇〇五・六・一七）

変わる、小田原の玄関口─紆余曲折・駅ビル建設

六月二十五日、小田原の新たなシンボルとして小田原駅ビルが完成し、開業されます。待望の駅ビル「小田原ラスカ」のオープンです。平成十五年十二月、市民の数十年来の悲願であった小田原駅東西自由連絡通路「アークロード」がユニーバーサルデザインを取り入れた全国初の駅として完成しましたが、この駅ビルもまた長い間の市民の念願でした。それぞれ、紆余曲折ありましたが、ようやく市民の夢が形になりました。

この駅ビルのオープンにあわせ、東口駅前広場の高架歩道ペデストリアンデッキも一部通行できるようになります。デッキ全体の完成は十一月になりますが、これでほぼ小田原駅東口広場の新しい姿を市民の皆さんや小田原を訪れる多くの方々に示すことができます。

また、市では、駅ビル一階に公衆トイレを整備します。男女トイレのほかに、障害のある方にも利用し易い多目的なトイレも新しく誕生します。

思えば、私が市長になる以前の昭和五十年代、駅の大型商業施設建設の話が浮上しました。しかし、付近の商店街の皆さんや関係の皆さんからの反対が根強く、大規模小売業出店凍結宣言がされました。その後、バブルが崩壊、川東地域の商業集積が顕著になり、中心市街地の空洞化が加速して、既存の商店街の衰退につながりました。こうした現状の中、以前とは空気も変わり、やはり、中心市街地に商業集積の拠点施設が必要だということから商工会議所や商店街連合会、自治会等が入った駅ビル誘致運動が起こってきました。

しかし、景気の長期低迷の中で、小田原駅周辺は丸井の撤退や小田原地下街株式会社の倒産などの更なるマイナス要因が発生して、建設の主体となるＪＲ東日本が駅ビルの建設を躊躇するような状況に立ち至っていました。

駅ビルを建設するため、私をはじめ、市の担当者が何度もＪＲ東日本の本社に足を運び、駅ビルの必要性などを訴えて、話し合いを重ねるとともに、商工会議所や商店街などの皆さんも一体となって建設促進の陳情を続けてきました。そして、ついにＪＲ東日本でも地元の熱意を受け止め、社内検討を精力的に進めるようになったのです。

こうして始まった駅ビルの計画は、小田原駅東西自由連絡通路の完成という環境変化も加わり、当初の地上三階建てから四階建てに、そして五階建てへとボリュームもアップし、平成十五年十二月、駅ビル建設の正式発表が行われました。そして、その一年半後、地上五階建て、延べ床面積一万三四〇〇平方メートル、首都圏以外では、山形駅ビル以来十二年ぶりの本格的な駅ビルのオープンとなりました。

この駅ビルのデザインも城下町おだわらにふさわしい姿ということで、私自身も何回も外観設計に注文をつけました。テナントも、地元をはじめ、市内外から八十八店舗が入店し、予想を上回る人気ぶりだそうです。

小田原駅は、一日平均二十万人以上の利用客があります。こうしたたくさんの流動客が、駅ビルの中だけにとどまることなく、駅前商店街、小田原城、あるいは、街かど博物館や小田原文学館、御幸の浜などに足を伸ばしてもらわなければなりません。今後も大手門をはじめとする城址整備や（仮称）城下町ホールの建設などのハード事業とともに、せせらぎの復元、街路樹等の植栽の充実など、ソフト面を絡めた魅力的なまちなみを形成し、中心市街地の活性化に取り組んでいかなければならないと考えています。

駅ビルができた。しかし、駅ビルで物を買って、そのまま、自分の家に帰ってしまうということではなく、いかに駅ビルに来たお客さんを中心市街地に足を伸ばしていただけるかが、市としても、商業者としても、また地域全体としても大きな課題であります。今後の小田原市全体の活性化のために、市民の皆さんのますますのご理解とご協力をお願いします。

（二〇〇五・六・二四）

小田原城の主要登城ルート（馬出門、馬屋曲輪）の整備

小田原の中心市街地の活性化は、市政の大きなテーマです。そのため、本市では中心市街地を大きく三つのエリア、すなわち、小田原駅周辺エリア、本丸・二の丸エリア、三の丸エリアにわけて、ハードの整備と、それらを連携し、絆を強めるソフトの整備を併せて逐次推進していくことにしています。

その中で、本丸・二の丸エリアとなる小田原城址の整備については、平成五年に「国指定史跡小田原城跡本丸・二の丸整備基本構想」を策定しました。これは、小田原城全体の曲輪《くるわ》どりが明確になっている江戸時代後期の姿に戻すという構想です。市では、昭和三十五年の天守閣の再建に始まり、昭和四十六年の常盤木門の再建、平成元年の住吉橋の復元、平成九年の銅門の復元等々、史跡小田原城の純化に努めてきました。

特に、この構想に基づいた小田原城跡の主要登城ルートの整備は、昨年の市長選挙のマニフェスト・政策実現宣言にも掲げた事業であり、今年度から平成十九年度までの三年掛

かりで、馬出門一帯の復元を行うものです。平成十七年度及び平成十八年度は、馬屋曲輪の石積・石垣を、平成十九年度までには、この馬出門をはじめ、内冠木門、周辺の土塀を整備する予定です。これらが完成すると、馬出門~馬屋曲輪~銅門という往時の正規の登城ルートが整備され、江戸時代の小田原城を今まで以上に体感することができます。

復元された小田原城二の丸の銅門と住吉橋(手前) 天守閣のある本丸へ至る登城ルート。

しかし、その反面、関東大震災後の昭和六年に築造された隅櫓橋や一部の樹木は、江戸時代の石垣の位置に当たってしまうので、正確な復元を行うためには、現状のままでの復元をすることはできないとわかりました。隅櫓橋や一部の樹木は、それぞれが史跡の景観を形作っているものであり、大変大切なものです。文化庁に私自身直接かけあったり、なんとか残せないものかと苦慮しましたが、やはり、小田原城を江戸時代の姿に復元するためには、やむを得ない措置として、今年度は一部の樹木を、平成十八年度は隅櫓橋を撤去することとなりました。この点につきまして、是非、市民の皆さんのご理解とご協力をお願いしたいと思います。

平成十九年度までの整備が完了すると、お堀端通りからの景観は、一段と国指定史跡小田原城跡の価値を高めるものになるものと確信しています。そして、江戸時代の姿に近づく小田原城はもとより、中心市街地の魅力はより一層増すものと期待していますす。また、今年度、小田原駅前周辺の整備が完了しますが、小田原駅からお堀端通り、そして馬出門への動線をしっかりと繋げて、小田原城を中心とした観光客の回遊性を高め、その名を全国に馳せた小田原城の往時の姿をアピールしていきたいと考えています。

（二〇〇五・七・一九）

ふるさとの原風景百選

「原風景」とは、幼年期の体験などをとおして人々の心の中に刻み込まれたふるさとの風景です。心の中に原風景として思い浮かんでくるものは、その人の生まれ育った環境やその人が歩んできた人生によって、里山の緑であったり、路地裏に射し込む赤い夕焼けであったり、砂浜で友達と一緒に波と遊んだ記憶であったり、あるいは、父親に連れられ釣り糸をたらした酒匂川の清流であったり、人それぞれ多様であると思います。

高度経済成長に伴う都市化の進展は、都市的土地利用や新しい生活様式を持ち込むことによって、私たちの暮らしの利便性を格段に向上させましたが、その半面、守るべき風景や景観に大きな影響を及ぼす事態を招いています。そして今、地方自治という視点からみると、分権時代が進み、土地利用規制等のさまざまな権限が地方に譲られることが期待される中で、これまで以上に自治体の姿勢と力量が問われる時代となりました。このような時代において、各自治体が地域社会の個性を生かした独自の地域づくりを進めるには、従来以上の創意と工夫が必要となってきます。

こうした中、私のマニフェスト・政策実現宣言を具現化するために、「おだわらルネッサンス推進本部」を立ち上げ、八つのプロジェクトを設置しましたが、その一つに「ふるさとの原風景再生」を位置付けました。

このたび、平成十七年度事業として、小田原の身近な風景をまちの財産として見つめなおし、愛着を深めるため、「ふるさとの原風景百選」を選定することと致しました。そして、いよいよ、八月十五日から小田原の「原風景」を募集します。皆さんの心の中に焼きついているふるさとの原風景を、それぞれの物語をコメントとして添えて、数多くお寄せいただきたいと思います。

「原風景」の保全には、そこに住む人々とそこを訪れる人々が、その価値に気付き、守るための努力をすることが必要であり、行政はこうした市民の皆さんの活動を支援していくことが大切です。国からの分権改革を地域からの改革に変えていく自治体の地道な努力の証のひとつとして、ふるさと小田原の「原風景」が保全・再生され、小田原に住む皆さんの心のふるさとが復活できればと思います。

小田原の魅力や小田原の個性とは一体なんなのか、どんなものが応募されてくるのか、皆さん一人ひとりに考えていただいく良い機会として捉えていただけたらと考えています。ふるさとの原風景百選、どういう風景が選ばれるのか、今からおおいに楽しみにしています。

（二〇〇五・八・八）

板橋　秋の交流会―夢見遊山―

十一月六日・十二日・十三日の三日間にわたり、第四回板橋秋の交流会が開催されます。今回新たに「夢見遊山」という新しいイメージタイトルをつけて、板橋の魅力を内外の多くの皆さんにアピールできればと期待しています。

大窪自治会連合会、板橋商店会、板橋まちなみファクトリー、小田原商工会議所、小田原茶道連盟などで構成する実行委員会が主催するこのイベントも、回を重ねるごとに地域固有の資産を生かした手作りのイベントとして定着してきました。第一回目から小田原城下町大使や小田原評定衆の皆さんをお招きして、市民の輪の中に入って楽しいトークをしていただくなど、毎回、新しい試みがなされています。

もともとこのイベントは、松永記念館に松永安左ヱ門の旧宅であった老欅荘《ろうきょ》を再建・保存することをきっかけとして、一層魅力を増した松永記念館を始め、様々な文化財ゆかりの場所等が散在する板橋界隈を、あらためて多くの方々に知ってもらい、楽しんでいただくための企画がないかという思いから始まったものでした。

中心市街地の活性化は、年来の小田原市の課題です。特に、中心市街地から少し離れ、観光客や来街者が立ち寄りにくい場所ではありますが、城下町の彩りの中でも、際だった魅力を持った南町や十字町、そして、この板橋界隈にどうしたら光が当てられるか、そして、その勢いを風祭・入生田を経由して、箱根一体の魅力へと連続させたい、そういう構図を描いた中で、一つの拠点としての板橋界隈ということが発想の原点でした。

松永記念館や老欅荘を舞台に「食とトーク」を楽しむというユニークな試みは、山月や古稀庵、皆春荘《かいしゅん》、あるいはお地蔵さんや香林寺等が集積し、小田原用水が流れ、まち並みも風情のある板橋の通り筋を背景として魅力を放っています。そんな板橋地区で、地元の

老欅荘の茶室　松永耳庵が晩年に使用した。

多くの皆さんや関係団体の方々の心からのおもてなしは、文化的・芸術的雰囲気をかもし出すようなきめ細やかな心づかいとともに、お越しいただいた方々に素晴らしい思い出を提供することでしょう。

今回は、六日（日）にプレイベントとして、本館や老欅荘を活用し、松永記念館茶会を行いました。来る十二日（土）は、前夜イベントとして能楽界で大活躍されている大倉正之助さんらによる「幽玄の響き～能楽の世界～」などが上演されます。十三日のメインイベントは阿藤快さん、島田祐子さんら城下町大使に加えて、湯川れい子さんも参加し、楽しいトークが用意されています。

また、味わい深い話芸で定評ある真打むかし家今松さんが、小田原が舞台となった噺を語る落語会も、新しい目玉プログラムです。さらに、日本エスコフィエ協会会長に今回就任されたホテルオークラ名誉総料理長の劒持恒男さんや近隣ホテルの料理長らがつくる名物の「小田原ブイヤベース」も大勢の皆さんに振舞われます。

毎年こうして新しい企画を打ち出し、多くの訪れる人たちに喜びをあたえるだけでなく、地域の一体感やエネルギーを盛り上げることにより、いろいろな効果が出始めているように思います。地域文化を発信し、その地域の活性化を図る地域密着型のイベントである「板橋　夢見遊山」に、是非、足を運んでいただきたいと思います。（二〇〇五・一一・七）

（仮称）城下町ホールの設計案、いよいよ決定！

（仮称）城下町ホールは、昭和三十七年に建設された小田原市民会館大ホールの老朽化に伴って、小田原の芸術文化政策の課題として、多くの市民の皆さんが待ち望んでいた施設です。これまで、本市では、前市長の時代の平成二年に「小田原市民会館整備検討委員会」を、また平成十二年には、「（仮称）城下町ホール建設市民委員会」を設置し、市内外の有識者、市民代表や文化人等の皆様とともに、新しいホールの位置付けや役割等について幅広い議論と検討を重ねてきました。

こうした取り組みを通して、本年三月、基本構想を策定しました。そして、広く市民に周知するとともに、市民説明会も開催してきました。その過程から、音楽ホールとしての機能を充実させて欲しい、お堀端通りにふさわしい外観を備えて欲しい、席数ももっと多く、あるいは、もっと少なくして欲しいなどをはじめ、演ずる側から見て、使い易いように、聴衆の側としても、聴き応えのあるように等々、議会はもちろん、市民の皆様からも多くの意見が寄せられました。

市民の皆様の関心の高さに改めて納得するとともに、市としても、これら多くの皆様からの意見を参考に、建設費、機能面はもちろん、広域拠点性、景観、効率性、開館後のランニングコストなど、様々な視点から総合的に勘案して、基本構想を修正し、一定の考え方を取りまとめました。

私は、平成四年に市長に就任以来、個別政策課題として、小田原駅東西自由連絡通路と、城下町ホールの二つを掲げてきました。しかし、厳しい経済状況が続いておりましたので、一つの時代に大きなことは一つだけと決め、今までは、小田原駅東西自由連絡通路完成に全力を挙げてきました。そして、昨年、この通路も完成し、ようやく長い間下ごしらえをしてきた城下町ホールの着手の見通しが立ちましたので、将来に対する小田原市の健全財政のこと、小田原の芸術文化の殿堂を一刻でも早く一新しなければならないことなど、様々な責任を感じる中で、(仮称)城下町ホールの平成十九年度着手を決定しました。

建設を予定している整備区域は、中心市街地である小田原市本町一丁目地内の「めがね橋臨時駐車場」、「小田原警察署跡地」、「消防署中央分署」の敷地で、付替え道路部分を除いた敷地面積は、約五〇〇〇平方メートルです。そして、将来の構想として、国道側の企業の敷地、お堀端通りの角地である国施設の敷地、これらを包含した構想を策定したいと考えております。また、建物の想定延べ床面積は、八五〇〇平方メートル程度であり、概算建設費は五十数億円程度を見込んでいます。こうした立地環境や条件を踏まえ、(仮称)城下町ホールは、小田原城周辺の豊かな景観を活かした芸術文化交流拠点にふさわしいデザインとし、また、機能面では世界に誇れる質の高いホールにしたいと考えています。さらに、管理運営面においても、使いやすさやランニングコストにも配慮したバランスの取れた施設にしていきたいと思っています。

こうした難問を解決し、納得のいくホールを建設するため、設計者の選定にあたっては、日本全国から優れた設計提案を募集するため、公募型によるエスキース・コンペ方式を採用しました。結果的に参加表明四一八、実際に応募された方は二三八と、わが国でも過去に余り例のないほど際立って多くの参加がありました。やはり、小田原ブランドの高さだろうと合点したものです。

また、東京大学の藤森照信教授を委員長として、劇場設計や建築などに関して、日本でもトップクラスの学識経験者などで構成する「(仮称)城下町ホール設計者選定委員会」

を設置して、去る十二月二十一日、最終選考に残った七社の中から「(株) 山本理顕設計工場」が最優秀に選ばれました。七社の市民公開プレゼンテーションやヒアリングに四百名近くの市民等がつめかけ、関心の高さは驚くばかりでした。最優秀の「山本案」は都市の自由市場というテーマのもと、周囲の景観に溶け込むような外観と斬新な構造体を上手に生かして絶妙なホール空間の実現に成功しています。

今後は、実際にホールを利用する市民、行政と設計者が連繫しあいながら、機能性や経済性等、調整しながら基本的な実施設計へとつなげてゆきます。平成十九年度着手、平成二十一年度には、城下町小田原の新しい芸術文化交流拠点の誕生です。小田原にふさわしい世界に誇れるような (仮称) 城下町ホールを目指します。ご期待ください。

(二〇〇五・一二・二六)

小田原ブランドの向上をめざして

二月一日、全国初となる全市域を対象とした小田原市景観計画及び景観条例がスタートします。一部の地域を対象とした取組みは、滋賀県近江八幡市で行われていますが、対象地域を、市域全域とした景観形成は、小田原市が全国初の取組みです。

小田原市の景観行政は、平成二年に「小田原市都市景観ガイドプラン」を、平成五年には「小田原市都市景観条例」を制定して、全国でも先進的に取り組んできました。この蓄積をもとに、昨年二月には、いち早く新たに施行された景観法に基づく景観行政団体となりました。六月には、市街化区域全域を都市計画法に基づく高度地区に指定したことにより、一時はマンション建設の駆け込み騒動が起きましたが、この指定により、建築物の高さ規制がスタートしました。

このように城下町おだわらのまち並みを整え、まち全体の資産価値を向上させて、全国に向かって、城下町おだわらのブランドイメージをより高いものとして発信すべく様々な取組みをしてきましたが、一歩進んだステージに進むための強力なツールとして、小田原市景観条例と景観計画がいよいよ本格始動することになりました。

今回施行する新しい景観条例は、相模湾や酒匂川などの「豊かな自然」、城下町や宿場町として培われた「歴史的文化的遺産」、そして県西地域の中核都市としての「都市機能」等に配慮するとともに、「まちの空間は公共のもの」であることを明文化し、条例の理念としています。

また、条例の中では、市・市民・事業者の責務を明らかにするとともに、全市域にわたる総合的な計画として景観計画を定めることとしています。さらに、条例で定めた建築物や工作物について、届出により、行為を制限することとしました。建物の色、形、デザイン等も城下町という概念のもとに設けた基準の中でまち並みを整えることに協力をお願いすることになりました。基準に合わない場合は、景観法に基づく措置に加えて、罰則が適用され、対象者に強制力をもった要請をできることになりました。

「景観計画」の特徴は、対象区域を小田原市全域とするだけでなく、重点的に景観形成を進める地区を「小田原城周辺地区」と「小田原駅周辺地区」の二箇所とし、景観計画重点地域に位置付けたことです。全市域を「都市的景観」と「自然的景観」を図る類型別に区分し、地域の特性を生かした景観形成を進めるとともに、駅周辺や道路、河川、海岸など構造別にも区分し、それぞれ建築物等の形態や意匠、色彩などについての方針を明示し、それに基づいて申請者は、建築行為を進めることになります。この方針に基づいた景観形成を強力に進めるため、行為の制限を設けるとともに、建築物や工作物の外観については、使用できる色に範囲を設けました。

さらに、小田原城や小田原駅周辺の重点地域については、より細かい制限を定めるとともに、立体駐車場の修景を始め、建築設備の配置や自動販売機の色彩制限などについても制限を設けています。

規制をしたり、強い要請をすることは、短期的に考えるとまちの活力をそぐ恐れもあります。しかし、まちを活性化させるためのインセンティブを、さまざまな視点で拡充すれば、長期的には、それぞれの土地や建物の資産価値が向上し、ひいては、小田原ブランドが総体的に向上し続けるものと確信しています。近い将来、世界に向かって城下町小田原のまち並みの美しさを持続的に発信できるように必ずなると確信をもちながら、小田原市の特色ある景観行政を、あるいは美しいまち並みづくりを着実に進めていきたいと考えています。

（二〇〇六・一・三〇）

適切な「街づくりルール」を作るための制度をスタート

小田原市では、この四月から「街づくりルール形成促進条例」を施行しました。この条例は、しっかりとした街づくり制度を段階的につくるためのもので、全国的にもはじめての試みです。

街づくりを進めていくためには、都市全体や身近にあるまちを将来どのようにするかを具体的に考えていく必要があります。こうした中で、市では、都市計画法に基づいて、将来のまちの土地利用の方針を定めている「都市マスタープラン」をはじめ、都市計画法による高度地区の指定や景観条例、景観計画など、街づくりに係わる様々なルールを定めています。

ルールは、一度定めると簡単に変えられないものですが、「まちの空間は公共のもの」という市の基本的な街づくりの方向性を変えず、良好な都市環境や居住環境の保全や整備を進めていくためには、経済情勢等の変化などに対応しながら、バランスの取れた街づくりをするためのルールを作っていくことが必要です。

そのため、この条例によって、現在定められているルールを計画的に見直し、この計画に基づいて新たなルールをつくり、あるいはルールを変えていくのです。それだけでなく、街づくりプロデューサーや地区街づくり基準形成協議会などを組織し、地域の街づくりルールを地域の方々が主体となって策定することができることとしています。さらに、このルールは、こうした地域における街づくりルールの形成に関する活動に貢献した方々を表彰する制度も用意しています。

都市では、駅の近くに商業地があるなど、住居、商業、工業といった同じ目的をもったものが集まっているとそれぞれにあった環境が守られて、効率的な活動を行うことができます。そこで、わが国の都市計画では、土地の使い方や建物の建て方のルールを決めています。しかし、小田原市は、二十万都市でありながら、駅が十八もあり、また古くからの城下町であることから、こうしたルールに則って街づくりをすることがなかなか難しいのです。

小田原が城下町として光彩を放ち続けるためには、古いものを大事にしていく一方で、時代とともに、常に新しいものも取り入れていく試みもしていかなければ、その魅力が持続していかないと考えています。市内には、小田原城址など、守るべき重要な歴史的文化遺産もありますが、これまで大地震や戦災によって、歴史をしのばせるような重厚な建物を数多く失っています。

しかも、新幹線を使えば東京まで三十五分という至近な距離にあることも、東京文化や都市化の影響を強く受ける要因の一つにもなり、城下町らしい小田原の雰囲気を残し伝え難くしています。行政としても懸命に努力し、街づくりに一つの哲学をもって、しっかりとした姿勢で着実にまち並みを整えていく努力が必要であると思っています。

小田原駅が新しくなって、高齢者の方々にも優しいユニバーサルデザインを取り入れ、緑もふえて駅前の景観も一新されました。駅を降りたとき、ちょっと足をのばしてまち歩きをしたい、買い物をしたい、と思わせるような中心市街地をつくるとともに、その隣には、静謐で風格のある空間として、復元された小田原城址の姿を見ることができる、そんなまち並みをつくっていきたいと思います。そのために、この条例によって、適切な街づくりルールを策定するとともに、時代に対応した実効性の高い取組みを展開して行きます。

（二〇〇六・五・一八）

二　そうだ小田原に住もう

働く人の居住を増やす

今日は人口の話をしたいと思います。以前、少子化問題について、医療や教育などさまざまな分野で、安心して子どもを産み、育てられる街づくりを目指していかなければならないという話しをしました。しかし人口を増やすということには、若い生産年齢層を増やして小田原市民の人口をしっかりと安定させるという、もう一つの大事なことがあります。生産年齢層とは、働く人たちの年代のことで、一般的には十五歳から六十四歳までの人のことを言います。この生産年齢層の人口が増えれば、必然的に子どもたちも増えることになります。また働いて所得を増やすことで商品なども売れるようになり、税収が増えて、市の財政も安定してきます。

そして最も大事なことは、生産年齢層の人たちが、介護保険制度をはじめ、高齢者の社会福祉保障制度をしっかりと支えていくということです。したがって、いかに生産年齢層を確保するかということが重要になるのです。

では、そのために何が必要なのでしょうか。まずは、先ほど話したように子どもを産み育てるための医療や保健、福祉、教育、などの地域社会の基盤をしっかりと整えることが必要です。また、雇用や安い優良な宅地をどうやって提供できるかという問題も重要です。小田原は自然に恵まれ、都心への交通も便利というすばらしいまちです。しかし、暮らすための環境が整わなければ、いくら小田原に魅力を感じてくれていても実際に住んでいただくことにはつながりません。そのように考えると、生産年齢層を増やすということは、いろいろな面を考えながら総合行政として、しっかりと取り組んでいかなければならない課題だということが分かります。私としても、小田原の将来を見据えながら、この問題について一つの道筋をつけるべく、頑張っていきたいと思っています。(二〇〇四・八・二〇)

地産地消を考える

小田原のアジの干物が、東京のデパートで一枚八百円で売られていたそうです。小田原のアジは、東京をはじめ首都圏各地でも大人気の商品です。大変嬉しいことです。いっそ小田原で捕れるアジやイセエビを「小田原アジ」、「北条エビ」などと名前を付けて小田原ブランドとして売り出したらいかがなものか、などと思いめぐらせています。小田原では、海の幸以外にも小田原梅や足柄茶、みかん、いちご、メロン、たまねぎの湘南レッド、お米のキヌヒカリなど、魅力的な農作物がたくさんあります。小田原梅の果肉の厚さと豊かな味は紀州の梅より断然上、足柄平野で採れるキヌヒカリやサトジマン、マツリバレは、コシヒカリよりもずっとおいしいと思っています。生産量が少ないのでなかなか手に入りにくいということもありますが、ぜひ皆さんにも食べていただきたい逸品です。小田原のハウスみかんもまた、冷やして食べるおいしさは格別です。

これほど自然の恵みを地元で味わえる私たちは、本当に幸せだと思うのですが、意外と小田原の名産物を地元の人が知らないことが残念でなりません。小田原の素晴らしさを市外の人に知っていただくには、ここに住む私たちが地域産出の食材の素晴らしさを自覚することが必要です。小田原は、首都圏三千万人の大消費地と、世界のリゾートである富士箱根伊豆国立公園がちょうどリンクしたところにあります。ここで取れる自慢の農林水産物をもっと有効に活用するためには、生産者が責任を持って消費者にお届けするシステムを作ったり、生産者の顔がわかるような仕組みを作ったりと、作る側と消費する側の心を結ぶ「地産地消」というものを目指していかなくてはならないのです。

豊かな自然に恵まれた豊富な海の幸と山の幸を上手に生かしていくために、これからも積極的に取り組んでいきたいと思います。

（二〇〇四・九・一〇）

外環状道路の延伸

いよいよ十二月二十三日に小田原市の外環状道路「穴部国府津線」が国府津小学校北側から高田浄水場北側まで開通することになりました。川東南部地域の交通渋滞は、さまざまな地域の皆さんにご迷惑をお掛けしていますが、とりあえずこの一部開通によって新たな緩和策が誕生したと、私としても少なからずホッとしているところです。

とは言え、しっかりとした機能を持つには、さらに国道二五五号まで結ばないといけません。県当局と話し合いをしているところでは、平成十九年度中には成田南交差点までの区間を整備、平成二十年度中には酒匂川一号橋の新設を含めた県道怒田開成小田原線までの約一・六キロメートルの区間を開通する予定となっています。市としても全面的なバックアップ体制をしいていきたいと考えています。すでに用地買収も約八割が済んでおり、今後に大いに期待をしています。

実はこの外環状道路については、数十年前に、通行料が無料であった西湘バイパスを有料にしたいということで、国や県、そして道路公団から小田原市に要請があり、国府津地域はじめ関係のかたが大反対をする動きがありました。市議会でも大変な問題になり、揺れ動きました。その解決のための代替策として「市内に外環状・内環状道路と西湘バイパス酒匂オフランプを整備する。その整備については国と県が全面的にバックアップする」という条件で、平成七年三月に西湘バイパスが有料化されたように記憶しています。

したがって、この外環状道路穴部国府津線については、国や県が全力をあげて全面開通に向けて努力をする責任があるというのが、当時若手の市議としていきさつを良く知っている私の考えです。また外環状という以上、国府津から穴部までだけではなく、国府津から穴部を経由して風祭方面へ抜けるまでが当初の考え方でもありましたし、また国や県からの市や地元に対する約束事でもあったと受け止めています。現在の大きな課題は、穴部以西の外環状道路を現下の厳しい財政等諸環境の中で、どこまで都市計画道路として延長し、当初のいきさつどおり県の手で環状線機能を確保していただけるのかということです。小田原市がどこまで頑張れるかということも問われてきます。

今後とも外環状道路穴部国府津線の二五五号までの早期開通と、酒匂川一号橋の新設を含めた県道怒田開成小田原線までの開通、そして都市計画道路として穴部以西の外環状穴部国府津線の延伸が、本市の大きな責務というか、仕事であると受け止めています。

（二〇〇四・一一・一九）

そうだ小田原に住もう！

小田原市は平成七年に人口が二十万人を超えました。当時、私も二十万人目の市民の方を市役所ロビーにお迎えし、くす球を割り一緒に喜んだことを今でも鮮やかに覚えています。しかしその後、景気の長期低迷とともに市内の人口も伸び悩み、現在の人口は十九万九千人ほどとなりました。当然のこととして市税収入も景気の長期低迷と相まって年々減少しているという状況です。全国的にも二〇〇六年が人口のピークで、これ以降は減少していくという報告も出ています。どうしたら人口を増やし、まちの活性化につなげていけるかが地方都市の大きな課題であり、これが都市間競争にもなっています。定住人口の確保・増加は、福祉・教育から都市基盤の整備にいたる総合行政にもかかわってくる大事な問題です。

そんな中、昨年九月に庁内に設置した、おだわらルネッサンス推進本部の雇用定住促進プロジェクトからの提案の一つに「そうだ小田原に住もう」支援事業がありました。この「そうだ小田原に住もう」というキャッチコピーは、もともと中心市街地活性化の検討の中で使われていたわけですが、今回は小田原の特性の一つでもある新幹線に着目し、東は東京、西は静岡までの通勤者を小田原に呼び込み、定住してもらおうとする関東では初の試みとなります。

これまでJR東海に働きかけ、ようやく小田原駅の「ひかり」の停車を一日上下三本から六本に倍増していただくことができました。ところが、近隣都市と比較してまだ地価が高いという面などもあって、新幹線通勤者の多くは三島市や熱海市など、さらに遠方のまちに住んでしまうということがあるようでした。

新幹線と小田原駅　私鉄を含む５つの路線が乗り入れている。

そこで、今回、平成十七年度から新たに小田原市内に転入し、都内などに自己負担で新幹線通勤している皆さんに、年五万円まで三年間交通費を補助しようという新たな計画を考えました。また連携事業として、こうした方々が市内の自宅から小田原駅までマイカーを使われる場合、小田原駅前城内臨時駐車場を月額では二千二百円、一日あたりでは三百円で利用できるサービスも提供しようと考えています。ぜひ、ビジネスマンの皆さんには小田原に住んでいただき、小田原が意外と都心から近いことを実感しながら、このまちの素晴らしい自然や環境の中で家族とともに生活を満喫していただきたいのです。

実際の話、このような事業を行うことで、税の使い方として不公平ではないかとか、あるいはJR東海だけのサービスになってしまい、他の鉄道会社への配慮はどうするのかなど、私自身、この事業についてはさんざん思い悩みもしました。けれども小田原の素晴らしさ、利便性などをアピールするには、多少思い切った施策も必要だろうと考え、決断をさせていただいたのです。

さっそく首都圏のビジネスマンの皆さんをターゲットとして、地下鉄などの電車内広告なども含め積極的にアピールしていきたいと考えています。どれほどの成果があるか不安ですが、四月の転勤シーズンを控え全国のビジネスマンの方々が、新しい定住の地として「そうだ小田原に住もう！」と思い立ってくれるよう、期待をしながら注視していきたいと思っています。

（二〇〇五・二・二五）

木を育て、森を守り、自然と共生する

三月十二日、久野の山林で「ふるさと森づくり運動」が行われました。芦子小学校と久野小学校の児童をはじめ、森林組合、漁業組合、箱根物産連合会や市議会、行政など、実行委員会の皆さんを含め一三〇人ものかたが参加し、山法師、ケヤキ、いろはもみじなど七種類の広葉樹約一五〇〇本を、前回植林した隣接地に植樹しました。

小田原市の森林面積は市域全体の約四十パーセント近くを占め、県下有数の「足柄美林」と賞されてきました。しかし近年、杉やヒノキをまた新しく植林することを一帯の山の土が受け付けにくくなっているのだそうです。そこで、この運動を通じて少しずつでも着実に広葉樹林帯を増やして行くことにしました。西部丘陵地の森林によって、豊かな相模の海と、とうとうと命の水が流れる酒匂川や早川がしっかりと育まれ、私たち二十万市民がおいしい空気や水を安定して享受できるのです。

また特に昨年は、水害などの災害が各地で起こりました。幸いにも小田原では大きな被害も無く過ごすことができましたが、これも小田原の森がしっかりと守ってくれていることの証なのです。

植林の当日は風が強く、慣れない急傾斜地での作業となりました。時折、黄色い杉の花粉が風に乗ってサッと流れていくなど、厳しい環境ではありましたが、子ども達をはじめ参加者の皆さんは、心地よい汗を流してくれました。私はというと、日ごろの運動不足がたたり、植林直後から足腰がボーッとして、午後からの行事では大変つらい思いをしました。しかし、私たちが植えたこの小さな木がやがて何十年後かの世代を潤すことを思うと、満ち足りた気持ちで一杯になります。

帰りの林道沿いに、緋寒桜《ひかん》が鮮やかに咲き始めていました。市長になって間もないころに、市民や林業関係の皆さんとともにこの沿道に植えた桜が、もう私の足の太さほどになっていることに感動を覚えながら帰路につきました。来年の植林には、もっと大勢の市民の皆さんに参加していただけるよう、この運動の推進に今後とも努めてまいりたいと思います。

（二〇〇五・三・一八）

市民に満足していただける行政を目指して――市民満足度向上行動計画スタート

市では、平成十四年度から「市民満足度重要度調査」を実施してきました。この調査は、市民の皆さんの大変強い関心とご協力をいただき、その都度六十パーセント以上の回答をいただいています。市政経営に対する市民の皆さんの評価や要請を理解する上で私としても大変貴重な情報であり、回答をしていただいた市民の皆さんに感謝をしています。

この「市民満足度重要度調査」において、三十二に大別して分類された市の事業に寄せられた回答の中には、重要な事業だけれども、不満であるという結果になったものもありました。こうした事業に注目をし、その声に真摯に耳を傾け、その解消に知恵と汗を流して、「市民満足度」の向上を図っていくことは、私はもちろんのこと、その事業を行っている市の直接の責任者が優先して果たすべき事柄であると考えます。いわばそれが「説明責任」を果たすということです。

小田原市では、これまでも、市民税の一パーセントに相当する額を市民が直接選んだ事業分野に優先して重点配分するシステムなど、様々な改革を行ってきましたが、平成十七年度から、スピード感のあり、効率的かつ効果的な事業運営を行うために、部局長への予算や人事面での権限移譲を大きく拡大することとしました。そして、更なる改革を進めるために、来月十月からは、「市民満足度向上行動計画」をスタートすることとしました。

この行動計画とは、「市民満足度重要度調査」によって数値化された市民満足度の低いもののうち、市民の皆さんから寄せられた主要な不満の理由を解消し、満足度を向上するための具体的な行動と目標を示した計画を立て、市民に公表するとともに、この計画を着実に遂行していくものです。

この行動計画の責任者は、事業を担当する各部局長になります。したがって、部局長自らが市民満足度を高めるための具体的な行動計画を作り、その成果目標を定めて、私と部局長が契約のような合意、約束を行います。そして、この行動計画の実施によって、市民の皆さんから寄せられた不満の理由を一つずつ解消して、市民満足度の向上を図っていきます。もちろん、この行動計画の内容や達成状況を市民の皆さんへ「広報おだわら」やホームページ、あるいはタウンミーティングなどを通じて、部局長の名前とともに公表します。

加えて、厳しい財政状況の中、予算をかけるものばかりが事業ではなく、「人件費が最大の事業」という視点もしっかりと固めていきたいと考えています。そのため、予算がなければ事業ができないという固定観念を捨て、民間の資金や活力、あるいは、職員自らが知恵を出し、部局長自ら陣頭指揮をとる「ゼロ予算事業」も、この満足度を向上するための行動計画に取り入れる考えです。

この事業を通じ、部局相互の連携と協働を高め、特に市役所の直接的なリーダーである部局長のより率先的で、主体的な取組みを構築し、管理職のマネジメント能力と行動力を強化し、職員の意識改革を進めます。その先に、市民満足度の向上が見えてくると確信するものです。

こうした施策を通して、行政改革を着実に進める一方、上下水道の整備や健康づくりの支援、消防・緊急対策の推進など、この「市民満足度重要度調査」で、重要度が高くかつ満足しているという評価をいただいた項目も数多くあります。これらについても、その結果に甘んじることなく、更なる向上のための方策に取り組んでいかなければなりません。また、たとえ重要度が低くても、「ビジョン二十一おだわら」後期基本計画に掲げた事業等で、行政として、これからの小田原のまちづくりのために推進していかなければならないものも着実に遂行していかなければなりません。

「市民満足度重要度調査」や今年はじめて行った「職員意識調査」、そして、これも今年から本格的にはじめた部局長への庁内分権など、一連の庁内改革を行政サービスの向上という大きな目標に向けて、改革の実をあげていかなくてはならないと考えています。「活力にあふれ、人にやさしく、まちなみが美しいまち」の実現のため、小田原市が行っている全国でも最先進の行政改革の取組みについて、市民の皆さんのご理解とご協力をいただき、しっかりと取り組んでいく考えです。

（二〇〇五・九・二〇）

全国史跡整備市町村協議会大会（高知大会）

十月十日から十三日までの四日間、第四十一回全国史跡整備市町村協議会大会に出席するため、開催地の高知市を訪れました。全国史跡整備市町村協議会は、史跡等の整備に関する調査研究や具体的方策の推進、文化財の保存と活用を進める全国的な組織で、国指定史跡等を持つ市町村で構成されています。文化庁とともに、あるいは二百名近い史跡保全国会議員連盟の皆さんのお力添えをいただきながら、国指定史跡という日本の宝物を持っている地方自治体が力を合わせて守り育てていくことが大きな役割です。私は、平成十六年十月六日から奈良市長のあとを継いで、全国協議会の会長を務めています。

この協議会の加盟市町村数は、私の就任当初は六八三市町村あったものが、市町村合併の影響で年々減少し、今では五四六市町村になってしまいました。しかも厳しい国の財政状況の中、文化庁の史跡等保存関係予算も今年度初めて減額されてしまいました。

史跡等関係予算は、史跡等公有化助成、史跡等整備活用事業、埋蔵文化財発掘調査等で構成され、この三つの柱の予算は、合わせて約二三〇億円余ですが、本市にとっても、城山三丁目の八幡山古郭東曲輪を守るためのマンション予定地の公有地化や銅門、馬出門をはじめとする史跡小田原城跡の整備、市内で発掘される埋蔵文化財の調査費などの国補助金として、文化財行政の推進に欠かせない大切なものです。

また、平成十七年度の文化財保護法の改正によって、文化財に文化的景観という考え方が取り入れられました。文化的景観とは地域における人々の生活や生業、その地域の風土により形成された景勝地で、日本人の生活や生業の理解のために欠くことのできないものです。このことがまちづくりや景観行政に追い風になり、地域の活性化にもつながるため、この協議会に対する加盟市町村の期待も更に大きくなりつつあります。

今大会では、本年度の減額分も含めて、昨年度並みの予算要求を行うため、史跡等公有化助成の充実、史跡等整備活用事業の推進、埋蔵文化財発掘調査等の充実を柱とする大会決議を行いました。

盛会のうちに終了した総会後の大会二日目、三日目のエクスカーションでは、高知城跡の天守閣・石垣修復工事現場などを視察しました。高知城は全国でも数少ない木造のお城です。天守閣の中に入ると階段は急で、梁に頭をぶつけるほど狭い状態でしたが、天守閣からの市街地の景色がとても良いことに感銘しました。また、南海地震など、二度の大きな地震に見舞われているにもかかわらず、石垣の一部が崩れる程度で大きな被害はなかったと聞き、昔の木造建築の技術の高さに驚かされました。ただ、高知市の岡崎市長さんは、高知城は高知県の所有なので、財政面では助かるが、街づくりの面では難しい部分もあると話しておられました。小田原城ほどの規模ではないものの、平山城として長い歴史に耐えぬいた雄々しい美麗なお城として地域に根付いていることを感じることができ、城下町としての歴史があるまちでの、お城の大切さを改めて認識しました。

今大会の成功を喜ぶとともに、我が日本の素晴らしい資産である文化財の活用と保存のために、会長として精一杯の力を尽くしていこうと改めて決意しました。第四十一回全国史跡整備市町村協議会大会の成功のために、ご尽力いただいた実行委員会の高知県各市・町長さんをはじめ、全国の関係者の皆さんに心から感謝します。（二〇〇六・一〇・三一）

全国報徳サミット小田原市大会

小田原市では、昭和六十三年に尊徳の生誕二百年を記念して、二宮尊徳翁ゆかりの市町村の参加のもと、第一回全国報徳サミットを開催しました。しばらくの間、第二回目は開催されませんでしたが、「再出発しましょう」という静岡県掛川市の前市長さんの申し入れで、同市を会場に第二回目を行ってから、二宮尊徳翁のゆかりの地となる市町村で「全国報徳研究市町村協議会」を結成し、加盟各市町村が持ち回りで開催をしてきました。

第十二回目を数える今回は、再び小田原市に会場をもどし、尊徳翁の命日の十月二十日と翌二十一日の二日間にわたり、尊徳記念館や市民会館を中心に開催しました。初日の二十日には、毎年、尊徳翁の菩提寺の善栄寺で行われている桜井自治会連合会主催の「二宮尊徳先生を偲ぶ集い」に参加した後、尊徳墓所や捨苗栽培地跡など、尊徳先生ゆかりの場所を視察しました。その後、会場を報徳会館に移し、全国からお越しいただいた十五の市町村長等により「全国報徳研究市町村協議会総会」が行われ、大会宣言や次回開催市について審議を行いました。

二日目の二十一日には、市民会館を会場に、全国から尊徳先生の研究に熱心な皆さん、約一千人が集って、報徳サミットが行われました。遠くは北海道豊頃町からお越しいただいた方もいらっしゃいました。開会式に続き、基調講演として、作家の三戸岡道夫先生による「現代に生きる報徳の教え」と題したお話をしていただき、その後、少年少女合唱隊の歌や桜井小学校、報徳小学校の二宮尊徳学習事業の成果の発表、そしてパネルディスカッションでは参加された十五市町の首長・教育長等による各自治体の尊徳学習の事例発表など、盛り沢山の内容で行われました。

私は、二宮尊徳先生の教えを広めるため、様々な施策を進めてきました。パネルディスカッションでコーディネーターを務めながら、他市町の取組みを伺い、おだわら市民大学報徳塾や全小中学校教育における二宮金次郎の学習など、本市の取組みを報告する中で、サミットの開始当初は他市にくらべて遅れていると感じた本市の状況が、今では報徳思想啓発思想のフロントランナーになっているのではないかという思いを強くしました。ひとがまちをつくり、まちが人を育てるという考えのもと、「ひとづくり、まちづくり」を基本理念に、市政の大きなテーマとして「健康と教育」を掲げて、今日まで様々な努力をしてきましたが、着実に成果が現れてきていることを確信できました。

大会の終盤に、第十二回報徳サミット小田原市大会宣言の決議が行われましたが、その中で、具体的な施策として二宮尊徳翁をＮＨＫ大河ドラマに取り上げてもらうよう要請活動をするということも、小田原市の提案で盛り込まれました。

現在、報徳思想は広く注目されていますが、その背景には家庭や学校、さらには政治や経済の世界までをも取り巻く不安な社会環境があると思います。この大会を通じて、二宮尊徳翁の思想や実践が現代にも通じる教えであることを改めて強く実感致しました。次年度の開催地となった茨城県筑西市に襷《たすき》（二宮金次郎像）を渡し、今回の小田原市大会を閉会しました。

（二〇〇六・一一・九）

県西地域二市八町の合併

私たち二市八町は四十年近く前に「県西地域広域市町村圏協議会」を結成して以来、「いつか一緒になろう」と全体計画としての構想の下に、道路・福祉・環境等の分科会を設置して広域連携の推進に、永年取り組んできました。

昨秋、国全体が平成大合併の名の下に揺れ動いているという状況を背景に、合併問題への気運も熟してきたと考えた私が、単なる研究主題ではなく、合併が是か非かを各々の市町で具体的に検討できるような進め方はどうかと提案したところ、待ってましたとばかりに他市町長の賛同を得て「合併検討会」が発足しました。自治体により思いの濃淡はあるにせよ、合併推進の名のもとに二市八町が同じテーブルについたというエポックメイキングなことでした。

さっそく合併した場合の将来構想づくりや、十自治体の職員が十三の分科会に分かれ、様々な分野でどういう行政サービスができるのかの議論を始めています。

自治体によって徴収額が異なる国民健康保険料は、高いところに合わせるのか安いところにあわせるのか、それとも平均をとるのかとか、また都市計画税を徴収している自治体と徴収していない自治体があるとか、あるいは消防職員を例にとると、小田原市が人口約二十万人に対して約二百人の消防職員であるのに対し、足柄消防組合は約十一万人で約百六十人、箱根町は約一万四千人で百人もの消防職員がいるとか、こうした様々な課題をどう解決していくのか、多岐にわたる諸項目について慎重かつ積極的に基準や方向性について議論している最中です。

来年の三月を一つの目安に、検討会の会長である私に報告をいただきたいと指示していますが、その後その成果をもとに、住民や議会に対して各々の自治体が合併のプラス・マイナスを含めて、その是非について議論していただくことになります。

今私自身の感覚からいうと、二市八町の中で小田原市が二十万人、二番目の南足柄市が四万五百人ですから、合併で最大の課題を抱えるのは小田原市だと思っています。

合併は小田原市にとって短期的に見ればマイナス面もあるかもしれませんが、私は長期的には必ずプラスになるという思いを深めています。国の諸制度や税等の流れも小さい自治体を排除する方向に動いていると感じます。

十年後、二十年後にあの時合併していれば、と言われないよう、しっかりと未来を見据えて議会・市民との話し合いに臨みたいと考えています。

（二〇〇七・一〇・一五）

三　安心・安全の地域社会

明日の健康に思う

まちに出て、市民の皆さんから健康への思いや大切さを耳にするたび、健康であることのありがたさや、体をいたわることの重要さを、身にしみて感じます。市民の皆さんの健康や医療に寄せられる期待は大きく、その中でも「市立病院の信頼性の向上」は、特に期待度の高い施策の一つです。いざというときに市立病院がどれほど頼りになる存在なのか、市民の皆さんからご批判も含めて、いろいろなご意見をいただきます。待ち時間の問題では、関係者一同、できるだけ患者さんを待たせないよう苦労しているわけですが、なかなか解消されていないのも事実です。時には切実な、怒りにも似た声を聞くこともあります。先日お配りした私のマニフェストの重点施策にも「市立病院の革新的な信頼度の向上」を挙げさせていただきましたが、何とかして待ち時間も短縮したいし、真に頼りになる「地域の基幹病院」に育てていかなくてはならないと考えています。市民の皆さんが、平和に安穏に、健康をありがたく思いながら暮らしていける地域社会をつくることは、小田原市にとって永遠かつ最大のテーマだと思っています。そのために、市立病院の充実も含め、地域医療の問題について、精一杯努力をしていきたいと思っています。

併せて、これまであまり考えてこなかった自分自身の健康についても、月に一回か二回は好きなハイキングに出たり、足腰をもう少し鍛えたりと、少しずつ実行しながら、明日の活力を養い、健康に気をつけていきたいと思っている日々です。（二〇〇四・六・一八）

在宅介護と福祉施設

高齢者福祉の充実ということが大きな課題になっています。国の介護保険制度では、在宅介護が基本で、それを補うものとして特別養護老人ホームや老人保健施設などがあります。私自身、もし介護が必要になったらどうなるだろうかと考えることがあります。個人的には、やはり家族に面倒をみてもらいたいし、妻や息子たちはきっと私を見捨てないだろうと信じています（笑）。しかし、家族が介護に疲れ果て、家庭が崩壊してしまうようなことは望んでいません。

現実問題として、老夫婦だけの所帯や一人暮らしのかたが増え、九十歳のおばあちゃんを七十歳の子供が介護しているというような、いわゆる「老々介護」の状態で頑張っていらっしゃるかたもたくさんいます。在宅介護がどうしても女性に負担がかかってしまうという問題もあります。やはり高齢者福祉施設の重要性は年々増しているのです。

しかし一方で、入所希望者は増えているのに施設の容量が追いつかないという問題もあります。市でもそれぞれ年度を決めて増床の計画を立てているのですが、介護保険制度の中で、増床するベッド数も、国、県や西湘地域など全体の中で決められています。施設をどんどん作れば、介護保険料を上げなければやっていけなくなるし、それが介護保険制度を破綻させることにもつながりかねないからです。こうした、山積する高齢者福祉問題の中で、国や県との調整も図りながら、できるだけ市民の皆さんのご意見をきめ細かく吸い上げて、在宅介護と福祉施策の両面から努力していきたいと考えている今日このごろです。

（二〇〇四・七・一六）

地球にやさしい環境をつくる

小田原市はかねてより地球温暖化防止活動に熱心に取り組んできました。全国的にも環境先進都市として他をリードしていると自負しています。十二年前に私が市長になったとき、最初に必要と感じたのが環境への取り組みでした。すぐに環境部を作り、平成七年に環境諸条例を整備して、自分なりに小田原の環境行政の基礎を作ったと思っています。

ごみの減量化を目指して平成九年に行ったごみの大分別改革では、十七パーセントのごみを減らし、再資源化率二十四パーセントと、全国でもトップレベルの数値を達成しました。それと平行して始めた低公害車の導入によって、市内に二五〇台もの低公害車が走るという、全国的にもまれな「低公害車の走るまち」となりました。これも市民の皆さんの深い理解と大変なご協力があっての成果です。

「おざわ良明マニフェスト」では、地球温暖化防止活動に今まで以上に力を入れると同時に、「ふるさとの森づくり運動」を市民運動として盛り上げていくこともお約束しました。

森に雨が降り、養分が川を通じて海へ流れ、豊饒《ほうじょう》の海を作り出す。そして海が水蒸気を上げて雨を降らせ、森を繁らせる。こうした自然の循環を大切に考え、市民と行政が一緒になって森を育てたり、海や川をきれいにしたり、また空気や水をきれいにしたり、さまざまな取り組みをしっかりと続けていきたいと思っています。

豊かな自然に恵まれた小田原の水と空気は、私たちの財産です。そのことを私たちの誇りとして後世にしっかりと引き継いでいくためにも、このすばらしい環境をしっかりと守っていかなければならないのです。（二〇〇四・八・一三）

市役所に導入された低公害車

防災のまち

十月九日、台風二十二号が首都圏を直撃しました。関東に上陸した台風としては一九五一年以降で最強という台風二十二号は、時速六十キロメートル余で静岡県や神奈川県、千葉県を総なめにし、各地に大きなつめ跡を残しました。特に今年は、既に観測史上最多の九個の台風が日本列島に上陸しています。その都度、小田原にも台風が来ると思って準備だけはしておりましたが、周辺の地勢のためなのか、あるいは市民の皆さんの願いが強いためなのか、これまでは小田原の地にはあまり近づいてきませんでした。

今回はさすがにそうはいかず、関東直撃となったわけですが、あっという間に来てあっという間に去っていったという感じのスピードの速い台風でしたので、幸いにも思ったほどの被害はありませんでした。しかしそれでも、午後四時ころには心配していた久野川が溢水寸前になったり、あるいは酒匂川の河川敷も冠水すれすれになったりしました。特に久野川周辺では、午後の四時から防災無線や消防車などの広報によって周辺の住民の皆さんに自主避難を呼びかけるとともに、避難所を開設しました。

私自身も、緊急出動している市職員の督励をしながら、市内の被害状況を把握したり、あるいは避難所となっている中央公民館に避難しているかたがたを見舞ったりしました。避難家族のかたがたからは、自主避難を呼びかけられてすぐに学校に行ったけれども、誰もいないし鍵も開いていない、案内の張り紙もない、まったく不親切、不注意だと厳しい叱責をいただいてしまいました。

災害に備え、日ごろから防災対策はしっかりやっているつもりでも、いざ災害が起きると、小さなことから大きなことまでご批判をいただくことがあって、だからこそ防災訓練をはじめ、日ごろの防災意識の向上ときめ細かい対応が大事であることを痛感します。そして、全国でもトップレベルにあると思っている自主防災組織の更なる強化や、災害時の緊急情報システムの機能の充実などを図っていかなければならないと、改めて痛感した今回の台風の襲来でした。

（二〇〇四・一〇・一五）

一人の百歩と百人の一歩

今年の夏は、最高気温が三〇度以上の真夏日が四〇日を越えるという猛暑が続きました。東京をはじめとした大都会でもこの一〇〇年で平均気温が三度近くも上昇するといったヒートアイランド現象も年々際立ってきているようです。温暖化により六十五センチメートル海面が上昇すると日本全国の砂浜の八割以上が侵食され、また海面が一メートル上昇すると、東京では江東区・墨田区・江戸川区・葛飾区のほぼ全域が影響を受けるということも言われています。

一九九七年に京都議定書が結ばれました。これにより、二〇〇八年から二〇一二年までの間に、二酸化炭素など六種類の温室効果ガスを五・二パーセント削減するという合意が世界各国の間で交わされました。この中で、日本も二酸化炭素を六パーセント減らすという約束をしました。最近のわが国を襲っているさまざまな異常現象のことなども考えつつ、私としても、今年の五月の市長選挙における「おざわ良明マニフェスト」で、小田原市では平成十八年度までに二酸化炭素を十パーセント削減するという約束をさせていただきました。そのためには、環境家計簿運動やエコドライブの推進、低公害車の導入促進、エコアップリーダーの養成、地球ファミリー環境議会の開催、森づくり市民運動を始め、新たな政策も取り入れていかなければ目標を達成できません。市職員にも、ノーカーデー、ノー残業デー、買い物にはマイバッグという運動を総称した「エコエッグ運動」に、今以上に取り組んでもらいます。

市民の皆さんにも、暖房の温度を今までより一度低くする、お風呂は短い時間の間に皆が入る、あるいは暖房時は家族団らんで同じ部屋で過ごすといった、日々の暮らしの中でできる地球温暖化防止策へのご協力をお願いしていきたいと思っています。環境への取り組みは、こうした日々の小さな積み重ねがあって初めて達成できるのです。

とはいえ、かく言う私自身、小さい頃から水が豊富な小田原で育ったためか、つい水を流しっ放しにしながら顔を洗うといった悪しき習慣があります。市長という立場から言えば、市民の皆さんに水をたくさん使ってもらって水道局の企業会計の向上を、などといった良からぬ考えもありますが、ここは地球温暖化防止という大きな目標のために、やはり皆さんには節水していただくことを勧めるべきでしょう……(笑)。

いずれにしても、私たちの美しい地球を次の世代に大切に引き継いでいくため、市全体で行う事業などの大きな取り組みである「一人の百歩」と、一人一人ができることの積み重ねである「百人の一歩」の両輪をもって、地球温暖化の防止にむけて一緒に頑張っていきたい、地球温暖化防止月間の十二月に改めてそう思いました。（二〇〇四・一二・三）

市立病院小児科の診療予約を携帯電話で

今、少子化時代の中で、全国的に小児科の医者が減っているという話があります。皆さんはご存知ですか。市内でも小児科医は年々減って、専門医さんは十人前後というのが現状です。子どもの数が減っている中では、確かにやむを得ないことでしょう。しかし、このことは結果的に子育てをするお父さんお母さんに、とても不安を与えています。私としても、できる限りこれらの不安を解消するよう努力をしていかなければならないと考えています。

そのようなこともあって、市立病院小児科の診療予約を携帯電話からできるようにしました。中学生以下の患者を対象に携帯電話から病院のアドレスに接続し、診療予約ができます。パソコンからの受け付けも、現在準備中です。これで大人よりも体力や免疫力の弱い子どもさんの待ち時間を少しでも短くできると期待をしています。実際、十二月一日のスタート以来、日を追うごとにこの制度を利用するかたが増え、十二月十六日までにすでに二百人が利用されました。市外でも、二市八町や遠方のかたから携帯電話で予約が入っているとのことです。

市立病院では、県内に先駆けて深夜の子どもさんの病気に対応するため、小児深夜救急医療を実施することで、ご両親の不安を解消しています。今回の携帯電話予約と併せ、市立病院を中心とした小児医療二十四時間体制など、地域医療に対する市民の皆さんの評価がますます高まってきているように感じています。

以前は市立病院の「受付窓口の対応が悪い」「先生の応対が乱暴だ」など、さまざまなご批判やご意見もいただきました。そうした市民の皆さんのご意見を真摯に受け止めながら、その改善に積極的に誠実に取り組んで、ようやくいろいろな意味で一定の評価を得るところまできたわけです。これからも皆さんの期待にお応えできる市立病院となるよう、努力をしていきたいと思っています。

また子育て支援については、小児医療費助成制度も今年度は四歳児まで拡充をしました。厳しい財政環境の中ではありますが、十八年度までに未就学児童まで拡充する予定です。そのほか保育園の延長保育や一時保育、子育て支援センターやファミリーサポートセンター、地域育児センターの運営なども充実をさせてきました。平成十七年四月には、「次世代育成支援対策行動計画」もスタートします。

これからも、小田原が子育てしやすいまちという評価が定着して、若いお父さんお母さんがたが喜んで小田原に住んだり勤めたりしていただけるよう、ＰＲも含めて子育て環境の充実に努めていきたいと思っています。

※携帯電話からの市立病院小児科診療予約アドレス＝http://www.odawarahosp.com

（二〇〇四・一二・一七）

地震災害に備えて

昨年十月二十三日、マグニチュード六・八の新潟県中越地震が発生しました。また、今年三月二十日には、マグニチュード七・〇の福岡県西方沖地震が起きています。

これらの地震は、これまで想定されていなかった地域で発生したものであり、改めて地震予知の難しさを実感させられました。一方、専門機関や学識経験者の間では、かなり以前から海溝型の大きな地震が全国的に指摘されており、特にこの地域では、東海地震や南関東地震、神奈川県西部地震などの発生が懸念されています。政府の特別機関である地震調査委員会を始め様々な専門機関等から、これら地震の長期評価が公表されています。たとえば、東海地震はいつ発生しても不思議ではないとされ、南関東地震の発生率は三十年以内で七十パーセント程度といわれるほど、その確率は高まっています。

また、独立行政法人産業技術総合研究所は、先月、関東直下に新たなプレートの存在を示唆し、首都圏の地震活動に影響を与える可能性を指摘しています。このほか、今年三月、地震調査委員会は、神奈川県西部の神縄・国府津~松田断層の三十年以内の発生確率を〇・二~十六パーセントと修正しました。この発生確率の最大値である十六パーセントは、全国の活断層の中で最も高くなりました。

地震の危険性を市民に声高に訴えていくことは、防災意識を高めるなどプラス効果がある反面、いたずらに不安感を与えたり、あるいは都市イメージを低下させ定住人口の増加や企業誘致など、多くの面でマイナス効果を生じさせるといった難しい面もあります。

今後の地震発生の切迫性を考え、先日、入生田にある神奈川県温泉地学研究所を訪れ、所長を始め専門研究員の方々とお会いし、地震防災を中心に有意義な話し合いを行いました。この研究所は、県土の地質に関する研究を中心に、様々な分野の研究者と連携を図りながら、地震火山災害の軽減や地下環境の保全に役立つ様々な研究を進めています。こうした高いレベルを持つ研究所が市内にあることを最大限に活用し、実践的な地震防災対策を講じていきたいと考えています。

市では、四月から古い木造住宅を対象に耐震診断と補強工事の補助制度を創設しました。市内小中学校の校舎の耐震補強工事も年々進めており、現在までに約九割が完了していま す。四月の水道送水管破損による断水事故を教訓として、全部局に防災マニュアル等の見直しを指示したところでもあります。

発災時、行政は最大限の救援活動に努めることは当然ですが、いざというとき、「自分の身は自分で守る」ことも災害に対する基本的な心構えです。各家庭で、最低三日分の飲料水と食料を備蓄していただき、日頃から隣近所の助け合いの心を醸成し、被害を最小限に抑えていきたいと思います。

（二〇〇五・六・二）

市民あげて子どもたちを守ろう

毎年、「小田原市市民満足度・重要度調査」を実施しています。昨年、その調査に「防犯対策の充実」を新たな項目として追加しましたが、「防災対策の推進」と並んで重要度が高いものの、満足度は低いという結果になりました。

小田原市は、毎月十日を防犯の日とし、小田原駅、鴨宮駅で行う防犯活動をはじめ、春・秋の防犯関係のイベントには警察や民間防犯組織が連携して行っているなど、むしろ多くの防犯組織が他の都市に比べても良く連携して機能しているという印象をもっていましたので、少し意外な評価と感じました。

テレビや新聞の報道では、毎日のように子どもが関わる放火・殺人・強盗などの事件が報道されており、小田原市内でも児童や生徒が不審者に声をかけられるなどのケースが発生しています。このような世相の変化が市民の皆さんを不安な気持ちにさせ、「防犯対策の充実」の満足度を低いものにしたという面もあるのだろうかと思います。

こうした中、子どもを狙った犯罪に関する情報や不審者情報、安心・安全に関する防犯情報などを送る「おだわら安心・安全メール」の配信や、各家庭の玄関灯などの外灯を一晩中点灯し、地域の皆さんが夜間安心して帰宅することができる「安心の灯・点灯運動」等の施策を開始するとともに、自治会総連合でも「あいさつ運動」や「地域見回り隊」などの活動を始めました。

そうした動きのひとつの帰結として、自治会関係者や防犯組織、青少年育成関係団体、警察やボランティアの皆さんが参加され、去る九月二日、小田原市民会館において「子どもたちを犯罪から守る総決起大会」が開催されました。私も参加し、第一部では防犯用品の贈呈と市民をあげて子どもたちを守ろうという宣言を警察・学校・地域の代表者とともに表明しました。

第二部では橘地区に青パトを導入した橘ブルーアイズなど、各地域での取組み事例が紹介され、市内全二五四自治会から参加した人たちも新たな意識を啓発されたものと考えています。続いて行われた第三部では神奈川県警音楽隊カラーガードの皆さんを先頭に、総勢七百人以上で賑やかに小田原駅周辺のパレードを実施しました。

市民の生命と財産を守り、安心・安全なまちづくりを進めるための行政施策としては、「防災対策」と「防犯対策」は欠かすことができませんが、完璧はあり得ません。市民の不安や心配を少しでも軽減し、あるいは未来を担うこどもたちが犯罪に巻き込まれることのないように、城下町としての地域住民の交流や助け合いが歴史的に醸成されている小田原の良さを生かしていかなければなりません。今後も関係団体や地域の皆さんと連携して、小田原の子どもたちを強く、あるときは優しく育てることができる環境を整えていきたいと、決意を新たにしました。

（二〇〇六・九・一四）

四　まちづくりは人づくり

静かなる教育論議

数年前から「静かなる教育論議」と「教育の井戸端会議」を続けてきました。これは、市民をあげて小田原の教育について議論してもらおうという新しい取り組みです。いろいろと問題を抱えている家庭の方ほど、この井戸端会議に参加して共に考えていただきたいのですが、現実にはそういうかたほど無関心で出てこられません。地域社会全体が教育に熱心になって教育力を向上させて行く、子どもたちもそれを感じとる。こういううねりが、子どもたちや教育のことに無関心なかたがたにも結果的に良い意味での波及効果をもたらす。迂遠かもしれないが、これが「静かなる教育論議」の大きな狙いの一つです。

難しい取り組みとは思っておりましたが、蓋を開けてみると、井戸端会議の参加者は二万八〇〇〇人以上、そして一万件もの意見カードが集まるなど、非常に多くのかたに参加していただいています。小田原の将来を担う子どもたちのために、これほどの人が関心を持っていただいたことに本当に感激しています。

市長と語る　曽我小学校で　ゲストティーチャーとして教壇に立つことも。2005年3月4日

　このような中から、今年の正月に小田原市の教育の基本理念である「小田原市教育都市宣言」ができました。教育都市宣言は、小田原市や教育委員会が小田原の子どもたちをしっかり育てるための憲章です。既にこの中から、小学校一年生の実質的な一クラス三十人以下学級の実現や校舎のリニューアルなど、小田原市ならではの試みが行われることになりました。ぜひ皆さんも、子育てや教育について関心を持って「教育の井戸端会議」に参加していただき、小田原の未来を担う子どもたちの力になっていただきたいと思います。

（二〇〇四・七・三〇）

市民学習フロアの開設

小田原駅前に市民学習フロアを開設することになりました。場所は小田原駅東口の丸井が入っていた小田原駅前ビル四階の空きスペースを利用します。ここは、ボートピア構想があって、大勢の市民の皆さんを巻き込んで反対運動が繰り広げられた、あの場所です。ビル所有者のかたがたのご決断で、駅前ビルへのボートピアの進出を諦めていただきました。ボートピアについては「小田原は競輪場もやっていて、今度は競艇までやるのか」、「小田原がギャンブル都市になってしまう」との声もありました。私自身も実は心を痛めておりました。そういう意味では、ボートピア建設の話がなくなり、ホッと胸をなで下ろしました。

しかし一方で、小田原の活性化のためには、空きビルがいつまでも駅前にあるということも大変悩みの種でした。ボートピア騒動が持ち上がる以前から、中心市街地の空き店舗対策として、この駅前ビルを公共施設としてうまく活用できないかと、市役所内でもいろいろと検討を進めてきたところです。今回のボートピアの断念は、公共施設としてこのビルの一フロアを借りるという構想を再び進めるきっかけにもなったのです。その使い方として、市民の皆さんからかねてより要望が強かった「ふらっとスポット」の復活という結論に至りました。これで駅前にさまざまな活動の場が欲しいという、強いニーズにお応えできます。来年の三月中がお試し期間で、四月一日から本格オープンという段取りになります。利用時間は午前九時から午後九時三十分まで。料金は有料とさせていただきたいと考えていますが、金額については現在検討中です。

十五人と十三人用の学習室が各一室、二十人用の多目的室が一室、利用客の皆さんのためのサロンスペースや託児室、展示コーナーも用意されます。ぜひ多くの方に利用していただきたいと思っています。そのほか、おだわらルネッサンス推進本部でも、キャンパスシティ構想の中で、いろいろな活用策を検討中です。

また、来年四月以降には、残りのフロアを活用して、起業家を育成するための拠点を作ることも考えています。先日はその費用の確保のため、私自身で経済産業省に出向き、国の支援をお願いしてまいりました。この施設が今後中心市街地活性化の大きな一助となるよう、期待していきたいと思います。

（二〇〇四・一二・二四）

全国特例市連絡協議会会長という職を振り返って

五月十三日、東京の全国都市会館で行われた平成十七年度全国特例市連絡協議会（以下「全特連」という）の総会において、会の発足以来、五年程にわたり就任してきた会長の職を任期満了で勇退しました。

特例市は、平成十二年四月の地方自治法の改正で、政令市、中核市、一般市という都市の区分けに新たなステージとして、人口二十万以上の都市の事務権限を強化し、できる限り住民に身近なところで行政を行うことができるようにするために創設されました。これに伴い、地方では県庁所在地クラスの各市が手を上げました。そして、地方分権を積極的に進めたいと考えていた小田原市が中心となって、同年十一月、特例市の一次指定を受けた函館市、盛岡市、甲府市、呉市などにより全特連が発足しました。

私は、発足に際し、「特例市への移行は、地方分権への第一歩であり、国が中央政府ならば、市町村は地方政府である。分権時代に相応しい小田原らしいまちを創るために、小田原にとって何が必要か、また、市民に何をしなければならないかを考えて欲しい」と、まず全職員に対し不断の努力をお願いしました。そして、その設立総会は、小田原市役所で開催され、会長に私が、副会長に大和市長と四日市市長、監事に松本市長が、それぞれ就任しました。

以来、国に対しても全特連会長という立場で毎年、総務大臣に対し権限と財源の委譲という視点から数々の要望を行ってきました。特に、「少なくとも当面は中核市並みの権限や財源の委譲をお願いしたい」、「住民にとって特例市になったメリットが分かりやすい権限の委譲」などを強くお願いしてきました。

そして、今では、特例市も四十市に増え、総務大臣や副大臣をはじめ総務省の幹部が一堂に会する「大臣と特例市市長との懇談会」を開催するとともに、国と地方の役割分担の見直しや市町村合併など、さらなる分権推進について積極的に取り組んでいます。

私自身も、こうした活動を通じて、前半は片山虎之助総務大臣に、後半は麻生太郎大臣にと、それぞれ国のトップと交流し、小田原市として抱える様々な課題も従来以上に国に対しアピールをすることができたものと考えています。

また、今年の三月には、全特連の構成市の間で、大規模災害発生時に協力し合う相互応援の枠組みについての基本合意に達することができました。北海道から九州まで分布している特例市同士のネットワークを生かして、災害時に相互に協力し合うということは、権限の委譲を受けることと同じくらい住民にとって大切なもので、これに端緒を付けたということは非常に大きな成果であったと自負しています。

会長職にあった五年程を振り返り、またその延長線上に目を向けると、更なる分権の推進と地域の発展がはっきりと展望できます。全特連の果たすべき役割の道筋やレールは、しっかりと敷くことができたと考えております。会の発足以来、会長としての今日までの責任の重さ、その達成感、さまざまな感慨を覚えました。今後も分権の推進役として、会のネットワークを活用して相互の連携を密にしながら、一致協力して地方分権を推し進めていきたいと考えています。

なお、事務局を務めてくれた小田原市の職員には、全部が初めてで、慣れないことばかり。大変な苦労があったことと思いますが、会長職を辞するに当たって感謝することしきりです。


（二〇〇五・五・二七）

世界の城下町

中世の城郭都市として古い町並みや文化財・史跡を保全し、活用しながらも、新しい時代の変化に的確に対応しようと、都市計画、景観、環境対策等に全力を傾注しているヨーロッパの都市行政視察へ、去る十月末、数年ぶりに行かせていただいた。

事前に各国の在日大使館を訪問し、歴史ある城下町で、個性的なまちづくりに精彩を放っている先進都市、様々な課題を抱えながらも未来の展望を切り拓こうと必死の模索を続けている城下町等の推薦をお願いした。その上で直接相手方市長へ私の署名入りの面談趣意書を送付し、特に積極的な返事をいただいた十数都市から諸条件を勘案し、まずはヨーロッパ三都市を選定した。

他人まかせにせず、本市の力だけで今回の訪問先を絞り込んで行ったのは、私のマニフエスト（政策実現宣言）の主要プロジェクトにある二〇〇七年開催予定の「世界城下町サミット」への参加要請を兼ねていたからである。

最初の訪問地フェラーラ市は人口十三万余、イタリア北部にあって、かの有名なメディチ家の庇護を受け、十三〜十六世紀この地を統治したエステ家の城下町である。四階建てに制限された石と木を巧みに組み合わせた建築群、四通八達した石畳の小路、中心部の大聖堂や城館。ルネッサンスの面影を色濃く漂わせた旧市街地の街並みと小田原城の大外郭と同様の発想だろう、一帯を囲んだ総延長約九キロメートルの今も残る堅固なレンガ造りの城壁を含め、全体が十年前に世界遺産に登録されている。

サトレアーレ市長、副市長、国際部長等と順次会談し、歴史的な街並み保存のための規制や補助、車両抑制のための通行税課税や自転車利用促進策、更には商工業後継者難や若者の流出、高齢者増対策等々、悩み多い現実的課題も聞かされた。

ブルガリアのベリコ・タルノボ市は中世の第二期ブルガリア王国の首都のあった人口六万五千の古都である。起伏の激しい丘陵地に上へ上へと拡がる旧市街地の美しい家並み、大きくうねるヤントラ川の切り立った崖上に延々と構築された城塞、ツァレベッツ城はまさに難攻不落の自然要塞である。

ラシェフ市長、四人の副市長、事務総長、友好協会長等、市を挙げての大歓迎を受け、会談後は記者会見まで設定されていた。生徒数一万人のベリコ・タルノボ大学学長等との会談と日本語科教室の授業参観、特別に保護されている職人工芸通りでは銅板加工マイスターの親父さん等との交歓も。城址周辺のみやげ物売りや人形遣い等まで皆市職員で、総数三千五百人と聞き唖然とした。旧政権時の負の遺産を未だ引きずらざるを得ない市長の苦衷を察し、同情を禁じ得なかった。共産主義国家から民主国家へと一大転換を遂げはしたが、未だEU加盟ならず、疲弊した国土の回復に国、地方挙げて苦心惨憺という実態のようだ。

ハイデルベルク市は人口十四万人、ライン川の支流ネッカー川沿いにある古城と大学の街で、ドイツの環境首都として、つとに名高い。第二次大戦の戦火を免れ、美しい街並みとハイデルベルク城を今も残し、その活用に成功している世界でも数少ない先進都市である。車両乗り入れ制限等の徹底した環境政策、特に景観、環境、交通等あらゆる視点から街の「秩序」を維持するための思い切った行政指導や規制は、ドイツならではのことと一驚した。

マルスブルク副市長等との会談の後、市の実力者で観光協会長、城址管理事務所長等と意見交換。現在の都市としての名声が、何代も前の市長からの息の長い積み重ねの成果と聞き、さこそと改めて感銘を受けた。

いずれにしても訪問三市から、それぞれ「世界城下町サミット」参加への前向きな回答を得たことは大きな成果であった。そして、中世以来の家並みを町の伝統的形、資産としてこだわり、むしろ経済をその枠の中で発展させてきたかのフェラーラ市、前体制の影の払拭に、観光に活路を見出そうと必死のベリコ・タルノボ市、世界に光彩を放ち続けるかのハイデルベルク市。三市三様の城下町の現状は、私に多大な示唆を与えてくれた。

経済成長と共にライフスタイルや街並みを新しい機能的なものに変容させ続けてきた私達、日本。木と石、農耕と狩猟…、彼我の文化、文明の違いと簡単に片付けてはならないという思いを深く抱かされた。そして古いものをしっかりと守り活用し、持続可能な町の発展や魅力に結び付けるには、何よりもそこに生き、生活する人々の豊かさや将来を保証する経済的裏づけ、町の活力が不可欠と改めて実感した今回の視察であった。

南方諸地域戦没者追悼式に出席して

（二〇〇五・一一・二八）

今年もまた、太平洋戦争の悲しい舞台となった沖縄で、神奈川県知事、神奈川県議会議長、神奈川県遺族会の各支部の皆さん等の参加のもと、神奈川県関係の南方諸地域戦没者四万六八〇柱のご冥福を祈り、永遠の平和への決意を新たにするために、第四十一回南方諸地域戦没者追悼式が厳かに開催されました。

当日は、晴天に恵まれ、もう、晩秋というのに気温が二十五度もある、日差しの強い沖縄でしたが、式が行われた摩文仁《まぶに》の丘にある「神奈川の塔」は、戦争の悲惨さを訴えるかのような静けさにつつまれていました。

「摩文仁の丘」は、過去の大戦で最大の激戦地となった糸満市摩文仁地区（南部戦跡）にあって、今では、平和祈念公園として、平和祈念堂、平和の礎《いしじ》などが整備されています。また、園内には、沖縄戦没者墓苑を中心として、各都道府県、自治体、遺族会などの慰霊碑が建てられていて、それぞれの県ごとに、戦没者慰霊追悼式が行われています。

神奈川県は、終戦二十周年に当たる昭和四十年十一月二十六日に、神奈川県出身者四万余名の方々の追悼と、世界平和を願って、この摩文仁の丘に「神奈川の塔」を建立致しました。それ以来、戦没者の方々を偲び、平和のへの誓いを新たにするため、この塔の前で毎年十一月二十六日に戦没者追悼式を行っているのです。

今回の追悼式では、主催した松沢県知事の挨拶のあと、県議会議長、遺族会会長に続き、私も県内市町村を代表して、県市長会会長として、追悼の辞を述べさせていただきました。美しい自然と青い海に囲まれ、今穏やかな光景が広がっているこの地は、かつて、国内で唯一、一般住民も巻き込んだ激しい地上戦の場となり、二十万人を超える同朋が犠牲になりました。戦後六十年が経過した今でも、この場に立つと万感の思いがこみ上げてきます。

その心が戦没者にも伝わるように祈りながら、祭壇に献花を行いました。小田原からも、譲原武彦小田原市遺族会会長ほか、数名の皆さんがご熱心に参加されていました。

サトウキビ畑がうねるように続く沖縄南部戦跡一帯に入ると、そこかしこの丘陵地で激戦の中、尊い命を落とされた、多くの人々が今もこの地にお眠りになっていられることを思います。訪れる度に身も心も粛然たる想いにとらわれます。日本人であれば、一度はここを訪れ、不戦の誓いをすべきです。

今年は、戦後六十年という大きな節目を迎え、先の大戦を見つめなおすような番組や報道が多くされていましたが、戦争を経験したことのない人々が多い時代にあって、先の大戦への記憶が次第に風化しつつあります。しかし、これからも平和を享受し、全ての人々が幸せに暮らす社会を築いていくために、日本人一人ひとりが、過去にあった戦争の重さを確認していかなければなりません。特に、平和都市宣言をし、そして、最後の最後、終戦直前の八月十五日未明に爆撃にあったという歴史をもつ小田原は、行政としても平和の維持に力を尽くしていかなければならないと改めて思った沖縄の追悼式でした。

（二〇〇五・一二・五）

躾教育

去る五月二十日、保健センターにおいて「取り戻そう　躾教育」と題し、基調講演とパネルディスカッション、学校の実践報告が行われました。当日は、ぐずついた天候の中でしたが、一般の方だけでなく、教育関係の方々等、併せて二百人くらいの人が参加されて、熱心に話を聞いていただきました。

私は、時代の激変期に明るい未来を創る基は、結局のところ、人材の育成であると考え、「まちづくりは人づくり」を基本的理念に掲げるとともに、「ひと」が成長する根源的要因として、「健康」と「教育」に着目し、これを市政の大きな柱に掲げております。そこで、スタディ・サポート・スタッフ事業や少年少女オーシャンクルーズなど、教育に係る様々な施策に取り組んでいます。

オーシャンクルーズでにっぽん丸に乗る参加者　500名余の小学校5・6年生が洋上生活を体験する。著者の発案で平成6年から開始された。

こうした取組みにより、一定の成果は見られたものの、不登校や荒れ、そして小学校に入学後何ヶ月たっても、騒いだりして授業に集中できない児童がいるなど、全国的に課題となっていることが、本市でも散見され、まだまだ道半ばです。また、平成十二年度から始めた「静かなる教育論議」では、三万人以上が参加し、意見カードは一万枚を超えるご意見をいただきました。

寄せられた意見は、家庭教育の充実を求める声や、躾、ルール・マナー・モラルといった道徳的教育の必要性を訴えるものが大半を占めていました。「躾《しつけ》」という字は「身《み》」を「美」しくするという国字です。「身」というのは単に体のことではなく、道徳・倫理まで含んだ「人間としての生き方」そのものだと思います。かつての日本では、こうした「躾」のための教育がしっかりと存在していました。だからこそ、「取り戻そう」というタイトルを付けましたが、本来持っていたしつけ、倫理、これらをもう一度初めからやり直すことが大事だと思います。そのために、青木秀夫教育長の主導で子どもたちの行動目標を全市的に統一する「(仮称) おだわらっ子の約束」を作ることになりました。

東京女子体育大学の尾木和英理事をコーディネーターに迎えて行われたパネルディスカッションでは、私もパネラーとして、こうした教育に対する思いを話しました。「躾は親の役目」という単純な言い方では済まなくなっており、学校・地域などが総ぐるみで教え込んでいかなければと考えています。地域社会全体で子どもたちをしっかり健全に育てていくようにすることは、私たち大人の責務です。「(仮称) おだわらっ子の約束」は、教育行政に強い気持ちをもった教育長の理念を具現化させるものです。いわば教育長のマニフェスト、まさに市民との約束でもあります。市としても順調に進むよう支援していきたいと考えています。

(二〇〇六・六・一二)

子どもたちと地球の環境を考える

十二月三日、地球こども環境アカデミーの「こどもエコ☆フォーラム」が、約二百人が参加し、中央公民館で開催されました。この事業は、子どもや家庭の視点で、悪化している地球の環境問題を見直すことで、小田原市全体、ひいては地球の環境問題について考える第一歩とするため、平成八年に始めた地球ファミリー環境議会が元になっています。

第一回目は私も参加し、子どもやお父さん、お母さんと一緒に一泊二日で尾瀬を体験し、自然の素晴らしさとともに、それを守るための努力の大変さを体感しました。以来、事業内容を見直しながら、毎年開催してきましたが、平成十四年から西さがみ連邦共和国の主催として、箱根町、湯河原町、真鶴町の子どもたちも参加して、子どもたち主体の体験学習的なものとしました。

今回、平成十七年度に十回目の節目を迎えたため、平成十八年度からは抜本的に形を変えて、地球こども環境アカデミー「こどもエコ☆フォーラム」として開催したものです。

地球こども環境アカデミーでは、約一年間かけて、子どもたちが様々な体験をしたり、壁新聞を作ったりして環境問題に取り組んできました。当日は環境省との連携のもと、一市三町の十三のこどもエコクラブの皆さんから環境壁新聞の発表がありました。この壁新聞は、来年度、横須賀市で開催される「こどもエコクラブ全国フェスティバル」に出展する予定です。今回の発表には、湘南海岸や御幸の浜のビーチコーミングなど、普段から環境活動を行って著名なミュージシャンの白井貴子さんが進行役になり、私だけでなく、箱根、真鶴、湯河原の各町長からもそれぞれ総評をしていただき、最後に各グループの代表者に修了証を交付してフォーラムを終わりました。

エコクラブの皆さんの環境壁新聞の発表を聞いていると、子どもたちが真剣に環境問題に取り組んでいる様子が伝わってきて、大変感心しました。

また、白井貴子さんは、私との対談の中でも、ロンドンで「野生のマーガレット」に出会ってから、オーガニック・ライフの世界に入っていったこと、テレビ番組の取材で、セネガル人の地球に根ざした生き方に接して、生まれ故郷の湘南に戻って再スタートを切ったこと、そしてそこでビーチコーミングに参加したことなど、環境の話を熱く語ってもらいました。終わってみると、白井さんの素晴らしい笑顔と子どもたちの笑顔が記憶に焼きつくような大会でした。

（二〇〇六・一二・二八）

第四章　対談　新しい城下町を語る

小和田哲男　静岡大学教授
小澤良明

小和田哲男氏と著者　2007年7月25日

「理想郷」

小澤　私は市長になった瞬間から小田原を「城下町」と定義し、まちづくりを進めてきました。当初は「城下町はお城の周辺だけで、小田原市全体ではないだろう」といったご批判もありましたが、私はそういった狭義の城下町ではなく、「人やモノ、カネ、情報が集散し、未来をかけて活き活きと人々が暮らしているまち」というイメージのもと、「新しい小田原らしい城下町づくり」をテーマに取り組んできました。

先生のご専門は中世で、特に小田原北条氏の研究では第一人者でいらっしゃいますが、私は五百年経った今に至っても北条氏の考え方が、例えば小田原の町割などに活きていたり、いわば地域の遺伝子になっていると感じられることがあります。先生は以前、北条早雲が小田原に理想郷を作ろうとしたのではないかとおっしゃっていました。小田原のまちづくりを考えるとき、遡ると北条時代に行き着くのですが、早雲の考える理想郷はどのようなものだったのでしょう。

小和田　早雲は西国の人なので、京都をはじめとする西国の知識を新天地で活かそうとしたのでしょうね。領土の切り取りが当たり前で、騙し騙されの戦国時代にあっては珍しいのですが、早雲は京都で申次衆《もうしつぎしゅう》をつとめたほどですから有職故実《ゆうそくこじつ》や西の文化にも詳しかったと思います。伊豆の韮山と相模の小田原を本拠地にしていますが、韮山に比べて小田原は海もあり広がりを感じさせる土地ですから、領土を広げられるイメージがあったのでしょう。ここにその知識を活かした理想郷を創ろうとしたとしても不思議はないですね。

「歴史に学ぶまちづくり」

小澤　先生の研究で北条早雲の出自もそれまで謎とされていたものが明らかになったわけですが、そもそも先生が小田原北条氏に興味を持って研究のテーマとされたきっかけのようなものは何だったのでしょうか。

小和田　私はもともと静岡の人間ですから、学生時代の研究テーマは今川氏でした。その中で当然北条早雲という人物に触れるわけですが、当時斎藤道三・松永久秀と並び三梟《きょう》雄《ゆう》と言われていた早雲が、実は当時には珍しいほどの善政を行っていたことに驚き、それまでの悪人のイメージを覆そうと思ったのがきっかけです。

小澤　先生の研究のお蔭で、悪かった北条早雲のイメージが大分払拭されましたよね。小田原市民は郷土の英雄の名を高めていただいた先生には感謝しています（笑）。早雲は小田原に入らず韮山にいることが多かったようですが、それは何故でしょうか。小田原に比べて韮山の方が西国の情報が入るのが早かったからでしょうか。

小和田　確かに今我々が考える以上に箱根山というのは大きな壁でしたから、西国の情報を得るには韮山の方が早かったでしょうね。それと早雲の時代はまだ敵対勢力も多かったでしょうから、その抵抗から身を守る意味もあったのではないかと思います。身を守るには韮山の方が適していますから。

小澤　先生は「小田原評定」の解釈においても、それまで「いつになっても結論の出ない会議の例え」とされていたものを、当時にあっては珍しく合意を重んじた民主的な手法として評価されています。

小和田哲男氏

現在の小田原市のまちづくりは総合計画「ビジョン21おだわら」に基づいているのですが、この総合計画は「市民提言会議」という、思想や信条にかかわらずどんな人でも参加してくださいということで募集し、その応募された方たちと職員が一緒になって一からつくったものです。

小和田　私は小田原を見ていて「歴史に学んだまちづくり」をしているなあと感じています。市長さんが意識しているかどうかは分かりませんが、歴史に学んだまちづくりをしているところはなかなかありません。「歴史を活かしたまちづくり」は日本中にありますが。

小澤　私は全国史跡整備市町村協議会（全史協・四五四自治体が加盟）の会長をさせていただいている関係もあって、あちらこちらの史跡を訪れているのですが、文化庁は復元するためには推測や想像ではだめで、きちっとした資料がないと認めてくれません。そういったものが小田原には少ないので、復元にも苦労しています。金沢や角館などを模して作るわけにもいきませんしね。先生も研究のために全国の史跡や城下町を訪問されていると思いますが、先生のお好きな、あるいはまちづくりが成功しているなと思われるのはどこですか。

小和田　私は近代化から取り残されたような古い建物が残っている町が好きです。九州の杵築や萩、津和野などは好きですね。彦根、掛川なども成功している例だと思います。

熊本も二十年前に行った時は良かったのですが、先日訪れたら水前寺成趣園のまわりに高層マンションができていました。やはりお城の周りは高い建物がない方が良いですね。小田原市も高さの規制をされていると聞きましたが。

小澤　日本建築学会で小田原の子どもたちに「未来の城下町」というタイトルで絵をかいてもらった時に、お城の周りにジェットコースターやロケットが描いてあるものが多く、少しショックだったことがあります。京都のグランビアホテルやパリのポンピドーセンターのように賛否両論ありながら、ミスマッチが活性化につながるケースもあります。小田原も駅前の活性化のためにタワービルを建てて城下町全体を俯瞰できるようにする計画もあったのですが、いろいろあって実現しませんでした。

そんなことできちんとルールを定めなければと思い、今では中心市街地においては天守閣よりも高い建物を建てることはできません。小田原は賑やかさが欲しい駅前と落ち着いた場所としたい天守閣が至近距離にあって、その調和が難しいのです。私はその調和の手段を緑・水・景観に求めました。そして「活力ある駅前」と「静謐な城址公園」という考えを思い切って明確にするためのルールづくりをしたのですが、市民の皆さんにも納得していただけました。

小田原は七十年周期で大きな地震に見舞われてきたために古い街並みが残っている所が少ないのですが、復興の際にはどうしても東京の影響を受けてしまったと思います。

交通の便が良いということは小田原の大きな利点ですが、首都の影響を受けやすいことから、独自の文化を守ったり育てたりしにくい面もあると思います。萩の野村市長さんとは親しくさせていただいていますが、「小田原は交通の便が良くてうらやましい」と言われます。でも不便な地であることで、萩の美しい街並みが残ったという見方もあります。

「守り」と「攻め」のまちづくり

小和田　小田原の魅力の一つは戦国時代の城下町であるとともに、江戸時代にも城下町・宿場町として栄えた地であり、中世→近世→現代のそれぞれの文化財を持っているところだと思います。小田原の魅力をさらに活かすためには、やはり大外郭の整備が必要でしょう。まちごと堀で囲んでいるという小田原の総構は、小田原攻めをした秀吉が後に大坂のまちづくりをする上で基礎的な考えにしたことは間違いありませんから。

小澤　大外郭は現在調査・整備を進めているところです。城山三丁目にマンションが建設されるのをストップしたり、アジアセンターの用地を買収したりと様々な手段を講じてきました。市内には○○小路というような路地は多いのですが、メインストリートとなるような街道は残っていません。大外郭整備は大きな「売り」になると思っています。

小和田　一般的に考えると、歴史を感じる街並みというのは時代劇に出てくるような街並みなのですが、時代劇のセットを街なかに作っても意味はありませんから、そのまちが歩んできた本当の歴史、他の地域の真似ではない、そこに住んでいた人たちの暮らしに基づいた城下町づくりが求められます。

小澤　市民の皆さんが自分達は城下町の住人であると誇りを持って言えるよう、行政はアメニティを整備していかなければならないと思っています。生活しにくい城下町では意味がありませんから。昨年、小田原が持つ大切な財産をもう一度見つめなおしてもらうために、市民公募に基づく「小田原の原風景百選」を選定しました。また本市の政策総合研究所では今「生活景」という言葉をテーマに、生活に根ざした風景から新しい城下町像を作り上げる試みが始まっています。新しい城下町が完成するのは三十年後、五十年後かもしれませんが、私はそのベースとなる部分を築けたらと考えています。

小和田　そのためにはやはり、まちのシンボルとしてお城の整備は必須ですね。確かに何十年もかかる壮大な事業になると思いますが。ところで、市長さんも全史協の会長としていろいろと城下町を見ていらっしゃると思うのですが、お好きな城下町はあるのですか。

小澤　私は個人的にはアルプスを展望する松本市が好きです。国宝の城はもちろんですが、街並みもただ古い建物だけでなく清潔で整然としており、城下町のイメージを保ちつつ住みやすさを感じます。

小和田　その両面を兼ね備える街づくりが理想でしょうね。

小澤　昨年全国から城下町の首長さんに小田原に集まってもらい、「城下町都市会議」を開催しました。またそれに先立ち、ヨーロッパの城下町も視察したのですが、イタリアのフェラーラという世界遺産のまちを訪れた際、市長さんが「世界遺産になって観光客は増えたが、様々な制約が多いので、若い人・新しい人が住

著者

まなくなり、老人のまちになってしまった」とおっしゃっていたのが印象的でした。私なども古い街並みが好きだと言いながらも、宿泊場所はエアコンや洗浄機付きのトイレがあるところを選んでしまいますから（笑）。

小和田　昔ながらの景観を保つには、本来ならば昔ながらの生活が必要ということでしょうが、現代の生活に慣れてしまった私たちに江戸時代の生活をしろというのは無理ですから、生活の匂いのしない城下町にするか、現代の生活がうまく溶け込んだ城下町にするか、という選択になってしまうのですね。

小澤　私は守っていくだけでは、まちは劣化してしまう、私たちが先人から受け継いだ財産を子や孫へ伝えていくには、価値を高める努力も必要だと思っています。先ほどの話でいうと静謐な城址公園周辺は断固として守り、小田原駅周辺は広域交流拠点として活性化させるための施策を徹底的に進める、私はこの「守りと攻めの哲学」が小田原のまちづくりの要諦だと思っています。

小和田　市民にしてみれば「城下町」というのは一つのステータスだと思います。その品格を保ちつつ時代に取り残されないようにしなければなりませんね。

「義」を重んじた北条氏

小澤　現在放送されている大河ドラマ「風林火山」でも先日紹介されていましたが、二代の氏綱が遺言状「北条氏綱公御書置」の中で「義を重んじよ」と言っていることに私は深い感銘を受けました。合戦に明け暮れ、勝つことが全てであった下剋上の戦国時代において、「卑怯な手を使って領土を奪っても嘲られるだけだ」という美学ともいえる気高い思想を持てたのは何故でしょうか。

小和田　私の最近の研究では、早雲は禅宗の影響を受けていたのではないかと思っています。京都にいるときに禅寺にいた可能性もあります。「早雲寺殿廿一箇条」は明らかに儒教の四書五経の影響だと思うのですが、禅宗の教えにもつながります。後世の江戸時代に「武士道」と呼ばれるもととなった「儒教」や「禅」の思想をこの時代に持っていたのは早雲くらいでしょう。氏綱の遺言状もこの考えを継承していますし、北条五代の治世は「義」を重んじていたといえるでしょうね。

小澤　そこが北条氏の強さでもあり、弱さでもあるのですね。

小和田　頑なに秀吉に屈しなかったために北条氏は滅びてしまったわけですが、戦国の世に五代百年にわたって栄えてきたプライドは相当なものだったと思います。秀吉は家康に対してすごく気を遣い、自分の妹を嫁がせたり母親を人質に差し出したりしているのに、北条氏に対してはそのようなことがありません。北条氏にしてみれば家康より下に見られたという意識があり、それは許せなかったのでしょう。義を重んじるということは、理不尽なことは我慢できないということにつながって行きますから。

ところで、北条早雲が戦国時代において義を重んじた稀有な領主であったという証として、今で言う福祉政策も行っています。

小澤　どんな施策をしているのですか。

小和田　伊豆の国で風病が蔓延しているのを見て京都から薬を取り寄せたことが『北条五代記』に記載されています。四公六民といい、民政に力を入れたのは間違いないですね。

小澤　北条氏の時代、小田原は各地から人や物が集まる広域交流拠点でした。私も北条早雲の先見性や決断力あるいは民衆とともに歩む姿勢などを参考にして、市民とともにまちづくりを進めていきたいと思います。

北条氏のＮＨＫ大河ドラマ化

ところで、城下町のステータスとして私たちが是非実現させたいと思っているのが、北条早雲の大河ドラマ化です。生誕の地である岡山県井原市や韮山城の伊豆の国市など早雲所縁の市町村で「北条早雲観光推進協議会」を設立し、北条早雲の大河ドラマ化についてNHKに陳情活動を行うなどしてきましたが、なかなか良い返事がいただけません。大河ドラマの時代考証を手がけてこられている小和田先生から見て、何が一番の課題でしょうか。

小和田　私も北条早雲の大河ドラマ化を熱望しているのですが、やはり良い原作が必要ですね。大河ドラマにはヒロインが必要だといわれますが、早雲のまわりに物語のヒロインになるほどの女性が見当たらないのも原因かもしれません。北条氏の支城である八王子城や鉢形城も徐々に整備され、有名になってきましたから、北条関係のサミットの開催をして気運を盛り上げるのも面白いと思います。また、早雲単独ではなく、以前「徳川三代」が題材になったように「北条五代」でのドラマ化を目指すという方法もあるのではないでしょうか。

小澤　大河ドラマ化は観光面での期待ももちろんありますが、北条氏がどのような理想郷をこの小田原につくろうとしたのか、地域の遺伝子としてどのように残っているのか、ドラマ化されることで未来の城下町について市民が皆で考える機会になれば、と思っています。私はこれからの小田原市は「観光都市」「住宅都市」といった一つのイメージでまちづくりをしていくことはできないと思っています。「城下町」という言葉には歴史・文化・伝統といった蓄積の上に立って全ての分野で平均点以上を目指す「総合行政」を目指す意味もあります。あらゆる政策の積み重ねから、他のモノマネではない小田原らしい新しい城下町をつくらなければならないと考えています。

（二〇〇七・七・二五　収録）

【特別寄稿】

「平成の風雲児」小澤良明市長の底力

新井恵美子

私が初めて「小澤良明」の名を聞いたのは平成四年五月、八丈島への旅の途中だった。それは前川の母が企画した旅だった。

その日、小田原では市長選が行われていたのだ。「小澤さん当選」のニュースが伝えられると母は一言、「小田原は良くなるわよ」と私に言った。

私の亡母、岩堀千代子は小澤市長の父上の三郎さんの熱烈なファンで何かと言えばお世話になっていた。ある時など、垣根の壊れたのを直して頂いたりしていた。「市長のお父さんに雑用させちゃうのは私くらいのものよ」と威張っているのだから困ったものだ。

その大好きな三郎さんのご子息が市長選に出られると聞いて母は張り切った。「何としても当選させるのだ」と走り回った癖に選挙当日は旅に出てしまう。八丈島を旅しながらも気がもめていたことだろう。

「小田原が変わる」と母が急に明るい顔になって言った日のことが思い出される。横浜に住む私には小田原はあまり変って欲しくない特別な町なのだが、そこに住む小田原市民には変らなければならない時代だった。さぞかし小澤市長の道程は大変だったことだろう。

私の母からは見れば小澤市長は息子のようなもので可愛くてならなかったようだ。三郎さんとの茶飲み話に老婆心を丸出しにして市長の心配などをしていたという。

現在の立派になられた小澤市長を今はなき三郎さんと私の母に見せてあげたいものだ。このたび、出版される『私のおだわら物語』を二人が見たら、どんなに喜ぶことだろう。『市長随想』は小田原広報誌を送っていただくため、私もいつも読ませて頂いていた。「うまいなあ」と感心して拝見していた。特に市長の随想は着眼点が良い。恐らく公務の間にも様々のものを見て、考えて、頭の中でまとめておられるのだろう。その視点が市民と同じ目線であるところが良い。

北条早雲がそうであったように小澤市長は常に市民の幸せを願っている。市民が満足して生きていなければどんな理想をかかげても「絵に描いた餅」であって何にもならない。自らを「ふつうの人間」と言い切れる市長は自身を特別な偉い人に仕立て上げることはせず、現実的な平凡な幸福をこの小田原に築こうとしている。まさに「平成の風雲児」である。

実は市長自身が「随想」を書くこと自体ある意味、危険なことなのだ。何故ならば「随想」とは自分の心をさらけだしてしまう事だから、本音が露出してしまうからだ。その上、市長の「随想」はうま過ぎる。うまい文章は人の心にすんなりと入ってしまう。それでも市長は勇気ある男だ。等身大で自分を語り、「みんなで良い小田原作ろうよ」と情熱をこめてかたりかける。こんな首長を持った市民は恵まれていると思うのだが、それでも不満に思う人もいるだろう。上に立つ人にとっては気苦労の耐えぬ日々であろう。「それでも頑張るのは何故？」と問われて市長は答える。「好きだから」と。

この本の中で一番私が好きなのはこの「好きだから」である。人は好きなことでは努力が出来る。どんな苦労でも出来る。しかし、なかなか好きなことがみつからない人が多いのだ。市長はその好きな事に出会えた幸福な方だから、いつも良い顔をしておられるのだろう。将に天職と言えるのだろう。
その市長の本音のメッセージが今一冊にまとめられ、市民の皆様に届けられるという。市長の父上や亡母に成り代わって心よりの祝辞を申し上げたい。

（作家）

あとがき

昨年（平成十九年）暮れ、一人ひそかに思案を重ねて、次期市長選への不出馬の表明をさせていただいた。以下はその記者会見の発表文である。

ごあいさつ

平素より多大なご協力を賜り誠にありがとうございます。

二十七歳から、市政・県政・市長と三十七年間もの長きにわたり、城下町小田原の「まちづくり」に関わらせていただきました。数十年来の大きな課題であり、市民の悲願でもありました「小田原駅東西自由通路」の完成、更には「（仮称）城下町ホール」「お城通り再開発事業」も建設着手の道筋がつきました。

スパウザ問題前後から、行政も従来とは違って経済原理の波に直接もまれるようなことが多くなりました。こうした厳しい環境の中で、市政の永年にわたる三大難事業を完成あるいは目途をつけることができ、また「道州制」への大きな動きの中、県西地区「二市八町の合併」にも一定のレールを敷くことができたのではと考えております。

長い平成不況の中の十六年間を、まさに無我夢中で必死に努力してまいりました。しかし激変の時代の市長職には、何時まで、何処までやれば良いという区切りはないように思います。

市長に就任させていただいた時から、私の脳裏には常に「初心を忘れずに」「出処進退は潔く」の二つの信条がありました。

その信条に則り「不出馬」を決意いたしました。

顧みますと、私なりに達成感、充実感を持つことができ幸いと思っております。何よりも、市民・議会・市職員の方々、ご理解とご支援いただいた多くの皆様方への感謝の思いで一杯です。心からお礼申し上げます。

残された任期を、市政の伸展に誠心誠意、全力投球することをお誓いし「ごあいさつ」とさせていただきます。

初出馬の時は、何日も何日も走り廻って多くの方々にご理解を得、お許しを願い、出させていただいた。それだけに突然の不出馬に、身勝手とお叱りを受けるのでは、と思い悩みもしたが、引き際の決断とは孤独なもの、との先人の言に励まされて、どなたにもご相談せずたった一人で決心させていただいた。失礼は伏してお詫び申し上げたい。

「地方自治の申し子」と、ちょっと気負って言わせていただいたことも何度かあるが、長い地方政治への関わりの合い間に書き綴ってきた随想やら何やらが大部な量になった。何年か前から一冊の本にまとめてみたいと思ってきたが、ようやく上梓することができて安堵している。

第一章は、小田原市発行『広報おだわら』に平成五年四月から掲載を開始した「市長随想」の中から選び、分類して収めた。この中には、全国市長会発行の『市政』と日本経済新聞の「交遊抄」に発表した二編が含まれている。いずれも字数の制限が厳しく、常に原稿用紙何枚分かを犠牲にした。読み返してみると今更のようにその時々の想いがこみ上げてくる。

第二章は後援会の会報『たくゆう』の中から選んで収録した。いずれも主として市議県議時代の頃のもので、青年議員時代の高ぶった気分の生硬な文章で、気恥ずかしくなる。

第一、二章とも締切日に追われ、車中で想を練ったり、会議中に内緒で下書きをしたりと、それこそ苦吟したと言っていい。特に「市長随想」は途中放棄はしない、と半分意地になって書いてきた。個人的な柔らかい内容だと読者の反応が肌で感じられるのだが、市の広報ということもあり、テーマの硬軟の使い分けに苦労させられた。

第三章の「市長のほんね」は、ＩＴ時代のニーズに合わせて平成十六年より書き込みを始めた市と後援会のホームページ上のものから選んだものである。〝本音〟と言っても実際のところ立場上なかなか書きにくい。文体を変えるなど、いろいろ試みたのだが、基本的に固い政策的な話が主であり、スピードをモットーとしたので、文章も冗漫になりがちで、書いた時の気持ちやそのときの体調がそのまま行間から感じられる。

いずれの文章もあらためて手を入れたくなったが、一部の表題を改めたほかは、敢えてそのまま収録することにした。発表した年月日はそれぞれの文章の末尾に（　）内に示した。

第四章は、市の城下町大使でもあり、公私にわたって親しくご指導いただいている小和田哲男先生との対談である。

また、本書にご寄稿いただいた新井恵美子氏は、今売り出し中の旬のエッセイストである。氏の母上には、父も私も大変なご厚誼を頂戴した。特に私にとっては、女性の後援会「つくし会」のゴッドマザーとして大きくて温かくて大切な方だった。双方親子二代のお付き合いで、最適な方に結びの言葉をお願いできて、この上なく嬉しい。

激動の時代に、愛する小田原のまちづくりに長く関わらせていただいた。それだけに、いろいろ読み返してみると、多くの皆様とのふれあいや、その時々の私自身の悩みや心の揺れが想い起こされ、込み上げるものがある。

本書は、私の次なる人生航路のエネルギー源でもある。皆様への感謝の想いを常に新たにしながら、真摯に着実に私なりの新天地を探求してまいりたい。

お会いできる日を楽しみにしつつ、併せて皆様のご多幸とご健勝を祈念申し上げ、結びとさせていただく。

小澤　良明（おざわ　よしあき）
昭和18年８月２日　小田原市生まれ。芝浦工業大学工学部建築学科卒。
昭和43年　建設大臣登録一級建築士、免許取得。
昭和46年４月　小田原市議会議員に27歳で初当選。以後 4期連続当選。
昭和58年５月　第34代小田原市議会議長就任。
昭和62年４月　神奈川県議会議員初当選。平成３年に再選。
平成４年５月　第16代小田原市長初当選。以後４期連続当選。
この間、全国史跡整備市町村協議会会長、全国特例市連絡協議会会長などを歴任。
平成20年５月　小田原市長を勇退。

私のおだわら物語

平成20年 8月20日　初版第１刷発行

著　者　　小澤　良明
発行者　　松信　　裕
発行所　　株式会社　有隣堂
本　社　〒231-8623　横浜市中区伊勢佐木町1-4-1
出版部　〒244-8585　横浜市戸塚区品濃町881-16
電話　045-825-5563　　振替　00230-3-203

装　幀　　小林しおり
印刷製本　図書印刷株式会社

定価はカバーに表示してあります。
ISBN978-4-89660-203-6